钱锋

　　教育学硕士，任职于浙江大学公共体育与艺术部，从事橄榄球教学与训练工作。现担任中国橄榄球协会触式橄榄球工作组成员、杭州亚运会橄榄球项目竞赛技术运行专家、杭州市橄榄球运动协会秘书长。多年来致力于橄榄球项目的推广与拓展，让更多青少年参与其中并终身受益。

胡嫣

　　杭州市天水幼儿园书记、总园长，教育学硕士，高级教师，从事学前教育一线工作36年。获得浙江省心理健康教育先进个人、杭州市优秀教师、拱墅区运河名校（园）长、拱墅区优秀共产党员、下城区十佳教科研先进、下城区教育英才等称号。多次主持省、市、区规划课题，多篇论文获杭州市一等奖。任浙江省社会心理学会发展与教育专业委员会秘书长，历年在"中国人大复印资料"《幼儿教育》《学前教育》等专业期刊上，发表学前教育类文章百余篇。

中国橄榄球协会支持项目

奔跑 合作 坚毅

儿童橄榄球教学游戏40例

（4-8岁儿童入门及参考）

主　编：钱　锋　胡　嫣

副主编：柴文韬　马文杰

编　委：许立人　吕　超　沈叶菁

　　　　张海燕　胡　洁　曹志勇

ZHEJIANG UNIVERSITY PRESS

浙江大学出版社

·杭州·

图书在版编目（CIP）数据

奔跑 合作 坚毅 ：儿童橄榄球教学游戏40例 / 钱锋，胡嫣主编. -- 杭州 ：浙江大学出版社，2023.6
ISBN 978-7-308-23536-5

Ⅰ．①奔… Ⅱ．①钱… ②胡… Ⅲ．①橄榄球运动－体育游戏－儿童教育－教学研究 Ⅳ．①G849.2

中国国家版本馆CIP数据核字(2023)第027001号

奔跑 合作 坚毅——儿童橄榄球教学游戏40例

BENPAO HEZUO JIANYI ERTONG GANLANQIU JIAOXUE YOUXI 40 LI

钱锋 胡嫣 主编

责任编辑	葛 娟
责任校对	高士吟
责任印制	范洪法
封面设计	林智广告
出版发行	浙江大学出版社
	（杭州市天目山路148号 邮政编码 310007）
	（网址：http：//www.zjupress.com）
排 版	杭州林智广告有限公司
印 刷	杭州宏雅印刷有限公司
开 本	889mm×1194mm 1/16
印 张	9.5
字 数	165千
版 印 次	2023年6月第1版 2023年6月第1次印刷
书 号	ISBN 978-7-308-23536-5
定 价	56.00元

序 一
—— FOREWORD ——

2020 年 1 月，中国橄榄球协会在备战东京奥运会和实体化改革推进会上发布了《2019—2028 中国橄榄球协会 10 年发展规划》，提出翻译、出版 50 本橄榄球运动专著，完善专业技术管理和基础理论体系建设。随着中国中学生体育协会将橄榄球项目纳入教育部学生赛事体系，橄榄球运动被越来越多的人所知晓，更多的学校开始关注和引进这项运动。

教育部 2021 年发布的《小学入学适应教育指导要点》以及 2022 年 4 月发布的《义务教育体育与健康课程标准（2022 年版）》，赋予了橄榄球项目进校园更多更好的机会，同时也使得橄榄球相关的系统性课程和书籍的编写出版更有紧迫性和必要性。《奔跑　合作　坚毅——儿童橄榄球教学游戏 40 例（4—8 岁儿童入门及参考）》一书的面世，契合实体化改革推进会提出的目标，符合教育部体育与健康发展最新要求，能够满足相关橄榄球教学从业人士的需求。

杭州橄榄球团队多年来通过与中小学、幼儿园开展合作的方式，探索橄榄球游戏在儿童参与者中的规律。在实践过程中，学习参考国外的一些先进经验，同时根据参与儿童和教师的反馈，整理开发了适合儿童使用的橄榄球游戏课程，并将上述教学游戏内容编写成册。通读此书，可以发现，此书结合了少儿心理学、少儿体适能、橄榄球专项和运动训练学等方面的内容，适合在幼儿园和小学低年龄段使用，是一本学校开设橄榄球课程的实操性参考教材。同时此书在排版方式和插画运用中也很独特，使其成为一本可爱、形象、实操性强、阅读体验感高的书。

希望此书的出版能推动橄榄球项目在幼儿园和小学的普及。少年强则中国强，体育强则中国强。希望橄榄球项目的进一步推广，让更多中国少年儿童从中受益。

国家奥林匹克体育中心主任

中国橄榄球协会主席

2022 年 12 月 29 日

序 二
FOREWORD

2012 年教育部颁布的《3—6 岁儿童学习与发展指南》明确指出，必须"珍视游戏和生活的独特价值"。这不仅为育人指明了方向，也符合当前国际儿童教育理论与实践倡导的基本理念。如何促进儿童在生长过程中强健体魄、锤炼意志，这是理论和一线教育者长久以来共同关注的话题。

听闻有着百年历史的杭州市天水幼儿园从 2017 年开始在多年创新办园实践的基础上探索五育并举的道路，非常令人欣慰。我在 2015 年 10 月曾经到过这所百年老园。该园虽然房舍不新、场地不大，但园长很有教育热情，教师团队很有朝气。园长胡嫣曾经是杭州师范大学的学生，在她本科和硕士毕业时，我先后两次给她颁发过毕业证书。这位好学的学生给我留下了深刻的印象。天水幼儿园体量不算大，作为一所很有文化积淀的幼儿园，其影响力却一直在增长，先后荣获全国家园共育数字化学校、浙江省示范性教师发展学校优秀学校、浙江省一级幼儿园、浙江省体育示范幼儿园、杭州市足球特色优秀学校、杭州市青少年橄榄球邀请赛幼儿组冠军队和亚军队学校、杭州市示范性资源教室、杭州市智慧学校等一系列荣誉的嘉奖，其"优悦天幼"的品牌效应，也日益绽放着光彩。

多年来，天水幼儿园坚持特色办园，且以音乐艺术特色在杭城学前教育界闻名。尤其是胡嫣带领她的教师团队以"幸福陪伴　悦心成长"为理念，以"优悦课程"为抓手，坚持家园共育协同教育，积极拓展社会教育资源，主动对接和公益引进省内外高校、专业优质资源，如杭州师范大学、杭州爱乐乐团、浙江橄动俱乐部、浙江大学心理团队等，充分发挥社会教育资源的优势，勇于开拓教育新路，以"健康 1 系列"项目为抓手，开展儿童橄榄球系列游戏，既基于全面发展、健康为先的理念，又践行普及普惠原则，是颇具特色的教育实践探索。据我所知，他们让在园的每一个孩子每周都进行此项游戏活动，他们对这个游戏项目的探索实属一种教育传承和创新发展的勇气之举。其中体现出的敢为人先、人无我有、人有我优的胆魄，值得敬重。杜威在论及教育中的思考时曾说："哪里的学校设置了实验室、车间和园地，哪里充分运用了戏剧、游戏和运动，哪里就不缺少机会……"（《民主·经验·教育》，约翰·杜威著，彭正梅译，上海人民出版社 2009 年版，P134）游戏和运动的结合对于儿童思维的发展显然是有着重要意义的。呈现在读者眼前的这本书，就是天水幼儿园和橄动俱乐部合作把运动和游戏和谐结合的教育探索的成果。我初步了解并浏览了该书，发现有以下三个特点。

1. **科学性**。这是由一线教育工作者、专业体育裁判员、高校体育教师、青年运动员共同撰写的一本游戏教材，游戏开发者综合考虑了儿童的身体发育、运动体能、学习能力、心理特点等多方面因素，在近 5 年的时间，坚持体测加训练的科学锻炼方向，在保持游戏规则的同时，按 4—8 岁儿童年龄段调整难度，不断优化和改良，具有操作实践和科学思维结合的特征。

2. **趣味性**。传统竞技运动都是具有一定的强度和对抗性的，也会让参与者承担一定的运动风险。而该书的安排，充分考虑了儿童的特点，以趣味游戏为主，符合学前教育年龄段儿童身心发展的特定需求。

3. **实操性**。该书在开发过程中，综合考虑幼儿园阶段《3—6 岁幼儿学习与发展指南》要求，同时也参考了教育部制订的义务教育《体育与健康课程标准》，是有着成长思维、幼小衔接考虑的。在锻炼幼儿体能的同时，也为他们未来参加真实的竞技比赛活动打下基础。在这本游戏教材里，全篇都充分体现了引导儿童"奔跑、合作、坚毅"的目标，以全体儿童均可参与的普适性，为每一位儿童、每一个家庭参与亲子运动提供了可能。

这本教材包含的 40 个灵动趣味的游戏项目，都是经过近千名师生、家长共同实践和验证的儿童运动游戏，既符合国家号召的健体方向，又符合儿童学习的年龄特点，与教育部近年颁布的课程标准的理念也是一致的。"健体、启智、养性"曾是我多年推崇的学前儿童培养方向，今天，看到有这么一群年轻人坚持不懈地进行着教育探索，甚感欣慰，他们这种探索精神值得鼓励。为了培养中华民族全面发展的新一代，需要更多的人来关注、参与和推动教育的发展。浙江杭州即将承办亚运会，我们会看到我国的大批充满活力的年轻人，为了祖国的荣誉奋力奔跑在国际竞赛的绿茵场上，他们今天的成长，正是得益于从小的锻炼。古人说"不积跬步无以至千里"，学习积累如此，运动和身心发展亦如此。相信《奔跑　合作　坚毅——儿童橄榄球教学游戏40例》的出版发行，也会让我们看到体魄、心智、适应力更强的新一代的成长，看到他们生活的美好、看到未来的希望。

　　我很荣幸受邀为这本书作序。相信该书的出版一定会受到广大一线体育工作者、学前教育工作者以及家长朋友们的喜爱。让我们充满期待！

杭州师范大学原校长

杭州银湖书院创始人

2022年5月于银湖书院

前 言
PREFACE

　　提到橄榄球，眼前就会出现一群年轻力壮的运动者，追逐着一个两头尖中间鼓的球，从东到西、从南到北满场飞奔，奔跑的身影激情四射、活力飞舞，年轻的脸庞上折射出坚毅、勇敢、无所畏惧、勇往直前的神情，奔跑者发丝末端滴下的汗珠，仿佛写着"生命力""青春"和"活力四射"，这些场景和画面，对以往的我而言，都来自电视屏幕。

　　2013 年初夏，我有幸在一次家长开放日中，结识了浙江大学公体部的钱锋老师——一位有着强健体魄和情怀的运动者、体育教育实践者。他把真实的橄榄球运动理念带入了幼儿园，带到了小朋友们身边。从那一天起，"奔跑""合作""坚毅"这些代表着橄榄球运动精神的关键词，开始进入我的视野，并不断地刷新我对此项运动的认知。我也接触和了解到，有这么一群优秀的人，他们中不乏"985""211"本科毕业生，也有清华大学的硕士，他们就职于各行各业，而在业余致力于推动橄榄球运动在中国的普及。而钱锋老师就是他们中间非常专业而执着的一位引领者。

　　2015 年秋，我因为工作调整，来到浙江省历史最悠久的幼儿园——杭州市天水幼儿园工作。这所倡导爱德和艺术教育的百年老园，如何从单领域加强的课程体系走向全面均衡发展的课程改革？我这个新任园长展开了思考。是年，恰逢教育部发布号召：儿童的发展需要从强身健体开始。于是，中小学生确保每天 1 小时体育活动的举措很快下达到全国各地。而在学前，我们如何去落地实施"健康是 1"的理念，如何让每天 2 小时户外活动，其中 1 小时体育运动的《幼儿园工作规程》要求规范落地？这让我想到了曾经结缘过的儿童橄榄球。

　　机缘加理念的碰撞，使英式橄榄球运动的实践及开发工作，从一所百年老园起步。3 年过去了，钱锋老师的团队还在工作，蓬勃生发成了"浙江橄动俱乐部"——一个激情与梦想同在的团队。柴文韬、马文杰等专业的橄榄球教练员，运动学理论与实践相结合的新生代，带着蓬勃朝气来到幼儿园。"安全冲撞""运动防护""体能测试""适应性改良"

等一堆新名词，带着健康运动中国化的理念，向我扑面而来，打消了我许多顾虑。当然，最打动我的是他们对于运动的热爱和执着。运动者自带的灿烂笑容和自信，使我无法抗拒。

2018年夏天，趁暑期基建之际，我在设计师、专家、施工人员的协助下，做了三件事。一是着手整修操场，在设计规划中，预留了一个小球场，居于操场距教学楼最近处，可以玩橄榄球、可以踢小足球，为孩子们尽情地"奔跑"做了前期铺垫。二是设计安装了一个带滑梯、高于地平面的"沙池"，居于操场中央的阳光下，为孩子们亲近自然、尽情表达提供了场所。三是创意构建了一个"优悦录音棚"，为师生、家长及音乐爱好者收录优美语言和艺术作品提供可能，使更多的童音稚语被记录。浸润在整个酷暑中的"基建三样"为我园的"优悦课程"做好了硬件准备。

2018年9月，带着满满期待的开学日，孩子们奔跑在阳光下的身影给我们带来了巨大的喜悦。而同步启动的球类课程也让孩子、家长与老师充满了惊喜。由天水幼儿园园长胡嫣、教师许立人、保健护士马斐、特级厨师兼陪练尹翔、家长会主席兼助教张晨、橄动团队教练钱锋、柴文韬、马文杰等协同参与的研发小组，从活动设计、家园共育、健康体测、营养保健、游戏课程优化等各方面着手实践和研究，从学前教育、运动体育、健康监测等多方位进行观察。这支由学前教师、运动健将、护理保健、家长代表共同组成的首届研发人员，持续地进行工作。每周的三方教研会、每学期的体能测试、每学年的分析评价和课程优化，成为持续的常态工作，使英式橄榄球运动在幼儿园的实践落地成为可能。我们在全体家长的支持下，勇敢而坚定地迈出了实践探索和研发的第一步。

时间飞快，第一批参与项目的幼儿已经毕业了，孩子们的体能得到了很好的发展，对橄榄球运动的兴趣也被激发，家园共育的健康运动氛围得到了充分调动。不知不觉间，儿童橄榄球活动在幼儿园开展五年了，值此收获的季节，研发团队将 40 则经过实践和优化的儿童橄榄球教学游戏整理并分享给大家。因为首次将橄榄球运动项目引入幼儿园，虽各路专业人士均已尽力提出科学化、合理化的建议，但我们水平和经验有限，整理尚不够完善。2023 年，注定不平凡，在经历了新冠疫情的考验之后，我们更坚定了"健康成长"的信念。在"健康 1 系列"的道路上，我们将会继续努力。期待"奔跑、合作、坚毅"的精神，伴随孩子们成长的每一天，希望绿茵场上能看到更多师生、家长健康的身影，希望每一个人都能够成为身心健康发展的人。

感谢所有对教育具有情怀的支持者，感谢参与项目的所有人，期待和祝福未来！

2020 年 10 月 11 日于浙江杭州

2023 年 3 月 20 日修改

目录

CONTENTS

第一章

儿童橄榄球教学游戏课程
的特点及价值

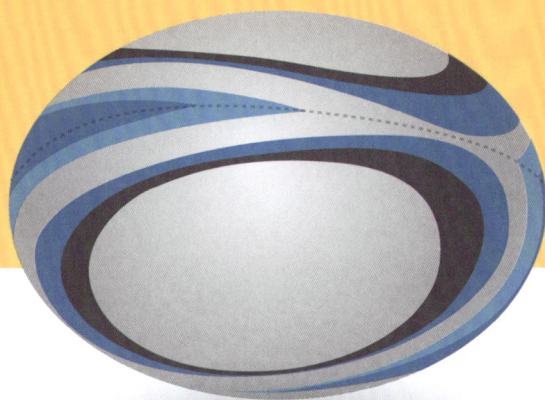

第一节 儿童橄榄球教学游戏课程的定位

在本书中，我们将儿童橄榄球教学游戏课程定位为幼儿园及校园的体育游戏活动。这一活动能够满足儿童的游戏心理需求，同时最大限度调动儿童参与户外体育活动的积极性、主动性和创造性。在这个意义上，儿童橄榄球教学游戏课程是一种适合低龄儿童的有意义（富有游戏精神）的学习活动。

同时本书中的儿童橄榄球教学游戏，无论是教育理念还是组织形态，都不同于传统的儿童体育活动，是一种形式新颖、内容童趣、形式多样的游戏活动。

在游戏实践中，本课程就是特定的活动场所（操场），课程主体（教师和儿童）与游戏道具（橄榄球等）的互动，包括教师与游戏道具的互动、儿童与游戏道具的互动。在一定意义上，高效的互动是幼儿园及校园橄榄球教学游戏课程的魅力和独有的教育价值所在。

教师与儿童之间的熟悉度、默契度，游戏道具与课程场地之间的黏合度，游戏目标与儿童需要之间的吻合度等，都是影响教师在橄榄球教学游戏课程中做出正确决策的因素。

橄榄球教学游戏课程不仅满足户外体育活动时间的保障，更是立足于儿童的大健康，包括身体健康、心理健康和良好的社会适应。本游戏内容不仅是儿童的体育活动（运动），更是儿童的大健康游戏活动，也是儿童的学习活动。因此让孩子们感兴趣、能够长期参与本课程变得至关重要。所以在重要性上，游戏性大于运动性，运动性大于学习性。因此，书中专门设计了40例适合4—8岁孩子们的橄榄球游戏活动。同时在附录的课程案例中，详细记录了课程执行过程的游戏化和场景化细节。在"多元整合"的游戏化、场景化活动中，希望能充分激发儿童的学习兴趣和运动主动性，同时促进儿童同伴交往、语言交往、团队合作能力的提高和环境适应能力的显著提高。游戏道具的多样性有助于提高游戏内容的多元化整合，主要是游戏道具适配儿童运动技能的水平。

第二节　儿童橄榄球教学游戏课程的教育价值

橄榄球教学游戏课程是儿童体育教育的一种，对儿童的身体发展、心理发展以及社会性发展具有重要的作用。

一、橄榄球教学游戏课程促进儿童身体发展的价值体现

橄榄球游戏活动的时间、空间的自由性，游戏道具和玩法以及课程内容的多样性等特点，为儿童身体大肌肉运动能力的发展提供了条件和保障。同时，教师通过对环境和活动内容的选择，丰富了儿童身体运动的范围，能够促进儿童身体发育、动作发展和运动技能的发展。

（一）促进儿童体格发展，增强身体素质

橄榄球游戏活动不仅可以促进儿童体态健康发展，而且能改善和提高儿童体能素质，主要包括身高、体重、头围、胸围、脉搏、血压、肺活量等方面。游戏活动通过走、跑、跳、攀、爬、钻、投掷等各种动作练习，帮助儿童形成正确的基本动作姿势，有益于儿童身高体重的增长，促进形成健康的体态。进行户外运动，呼吸新鲜空气有利于儿童呼吸系统的发育和完善。不同负荷量的游戏活动，能够促进儿童的骨骼成长、肌肉发育，加快血液循环，促进身体中呼吸、循环、消化等各系统的完善，有利于儿童身心健康成长和肌体发育。

（二）发展儿童的基本动作技能

橄榄球游戏活动可以促进儿童基本动作技能的发展。基于儿童动作成熟与发展的需要，通过走、跑、跳、钻爬、攀登、投掷等基本动作，发展儿童身体的平衡能力、协调能力，锻炼其力量和耐力，促进儿童运动技能的改善。如在传接球的练习中，既能够锻炼儿童的大肌肉群，又可以训练手部精细动作，促进手眼协调能力的发展。

（三）增强儿童的环境适应能力

适应能力包括肌体对外界变化的适应性以及肌体对各种疾病的抵抗能力。儿童在

橄榄球游戏活动中，肌体会感受外界气温高低、空气干湿的变化，持续锻炼会逐渐增强肌体对冷、热、干、湿等气候的适应能力，完善呼吸系统的机能，增强对呼吸道疾病的抵抗能力。此外，在教师的指导下，儿童的自主运动状态、良好的运动习惯都会得到成长，如活动到微微出汗就要主动脱外套，运动中及时补水、擦汗等，都会提高儿童的自我调节和适应能力。

二、橄榄球教学游戏课程促进幼儿心理发展的价值体现

运动并非仅仅是人体的物理运动。我国古代思想家、教育家们早在几千年前就提出了体育运动应当既锻炼人的身体素质又锻炼人的心理品质的先进思想。在儿童橄榄球教学游戏课程中，儿童通过环境、道具、队友和教师的互动，既能强健体魄又能提高心理素养，同时也能逐步形成坚毅的意志，是"五育并举"的良好举措。

（一）促进儿童运动知觉的形成

儿童的运动知觉是指儿童对外界物体或自身动作在空间、时间上位移的反应，它影响着儿童对自我运动状态的体察和在运动过程中身心状态的自我调适。

对儿童来说，缺乏运动知觉，就无法正确感知外界运动客体、控制自身行为，并与周围环境保持平衡。例如，一个准备接球的儿童，如果他不能准确地感知到橄榄球的运动方向、速度等，就不能顺利接到球。运动知觉的形成是一个缓慢的过程，需要教师提供多样性的引导。儿童橄榄球教学游戏课程内容丰富，具有层次性和递进性，从各个不同维度锻炼儿童对运动的方向、强度，运动的时间间隔以及运动节奏的把握能力。例如，儿童在练习纵跳接球的时候，既要观察球的高度，感知球和自身的距离，控制自己的手臂动作，又要以"跳"和"接"来完成接球动作，是一个感统协调的综合过程。

（二）促进儿童智力的发展

相对于传统的集体体育教育活动，儿童橄榄球教学游戏课程给儿童创设了诸多挑战及情境，促进儿童解决问题能力的发展。如在"巨人宝藏"的游戏中，需要在"巨人"的保护和防守下尽可能多地拿到宝藏。这样的规则为儿童设置了一个问题情境，

引导儿童必须想办法躲过"巨人"的防守。于是，儿童开始尝试合作，其中一位同伴吸引"巨人"的注意力，另一个从其背后去夺取"宝藏"。教师在游戏中可以通过情境设置，以教具及情节，契合儿童生活实际的形象比喻来组织教学，如把橄榄球比作"宝藏""萝卜"等，把防守者和进攻者比作"猫"和"老鼠"等，在激发儿童游戏兴趣的同时，促进儿童联想力和表征力的发展。

（三）丰富儿童情绪情感的体验

儿童橄榄球教学游戏课程还能丰富儿童积极的情绪体验。在游戏中，儿童既可以体验身心舒展与放松带来的愉悦心情，又可以体验惊险的刺激和同伴合作带来的归属感。游戏能够为儿童提供自由想象的空间，同时通过努力而获得的成功，能让儿童充分体验到快乐，从而激发儿童继续参与游戏的兴趣和内驱力。儿童在橄榄球游戏中，能够体验各种积极情绪情感，学习正向情绪表达。在活动过程中，儿童会遇到各种各样的问题和困难，会面临各种各样的挑战，儿童在解决问题的同时克服体力疲劳并持之以恒，辛苦之后对挑战成功的快乐、感受、积极情绪会迁移到现实生活中，儿童的同情、友好、责任心等积极的情绪情感就此萌发成长。

儿童橄榄球教学游戏课程的游戏活动为儿童提供了疏导负面情绪的机会。在运动过程中，儿童的生理、心理负荷量都比较大，所以其情绪体验就会表现得鲜明而强烈，具有多样性和易变性。根据游戏活动内容、难度的不同，儿童在活动中所体现出的情绪也是多样易变的。儿童的基本身体素质、身体状况和成功或失败的体验在游戏过程中是非常丰富的。例如某个平时运动能力较弱的孩子，在某次运动游戏中获得成功，会得到老师和同学的夸赞，这种欣喜和激动会令人难忘。因失败而伤心的情绪经验，也是儿童在活动中体会到的，这些短暂的负面情绪会给儿童的再次挑战提供勇气和动力，教师和同伴的鼓励长远来说能丰富儿童的情绪体验，对儿童积极人格的发展具有重要的意义。

三、橄榄球教学游戏课程促进儿童社会性发展的价值体现

4—8岁儿童正处于自我认知的重要阶段，这一时期儿童正逐渐扩大自己与外界的联系，处于从"自然人"向"社会人"转变的重要时期，是社会性发展的关键阶段。

橄榄球教学游戏课程为儿童的合作及交往提供了大量的机会，对儿童集体归属感与社会性发展具有重要的意义。

（一）有助于儿童克服"自我中心"

儿童在社会交往的过程中往往容易从自己的角度出发看问题，很难换位思考，比较难以理解他人的想法、体会他人的情感。克服儿童"自我中心"的倾向，需要培养儿童的共情能力、团队合作意识和乐于分享等亲社会行为。在橄榄球游戏活动中，儿童在游戏和交往的情境中可以学习从不同角度去考虑问题，发现自我与他人的区别。如在传接球过程中，发现队友的传球距离不够时，会主动跑近一点，降低队友传球的难度和压力。儿童可以在橄榄球游戏活动中，学习考虑他人的需要和情感，学会为他人着想，主动与人合作。

（二）有助于儿童形成社会规则意识

帮助儿童建立良好规则意识也是儿童橄榄球教学游戏课程的主要目标之一。比如儿童到达活动场地后，教师会提醒他们把水杯和外套整齐摆放在指定区域。又如某些游戏需要分组，10～15个儿童上场参与，其他儿童休息观摩，参与和等候的儿童都会明白自己分组的身份，按游戏规则进行交换。儿童在交换过程中学会参与和等待。在游戏活动中，儿童还能参与规则的讨论和创新，这些在自然状态下的锻炼是良好沟通能力和合作能力的起步。

（三）有助于儿童发展社会交往能力

儿童的社会性发展是一个经验自我构建的过程，离不开成人和同伴的影响。在儿童橄榄球教学游戏课程中，儿童必须与场地、环境、教具和同伴进行互动。儿童在这个过程中，学习与同伴友好相处，体会游戏活动中的独立自主，能够增强自尊心和自信心。游戏为儿童创造了良好的交往环境，提供了诸如"以大带小""同伴互助""师幼互助"的交往形式和交往机会。在游戏活动中形成伙伴关系和游戏角色关系，都为儿童互相的积极交往提供了社会性发展的有利条件。

第三节 儿童橄榄球教学游戏课程的目标

本书推荐的每一个游戏活动，都会涉及一些简单的橄榄球技巧和运动能力发展导向，适合幼儿园中大班和小学低年级的儿童进行学习和实践。

在这个年龄段的儿童，刚刚开始接触竞技对抗性的体育活动。他们需要在教师的指导下，循序渐进地开展儿童健康橄榄球的学习和锻炼。以下几点需要高度重视。

1. 仔细阅读本书中的提示和问题。

2. 在持续30～40分钟的游戏时间里，建议从本书中挑选一到两个游戏进行活动，然后可以开展一个小比赛。

3. 根据每一个游戏活动的说明提前检查场地安全，并放置球、标志盘和其他器材。

4. 游戏活动内容尽量场景化和游戏化。教师是一个引导者和支持者，不仅仅是裁判。

5. 注意保持活动内容的趣味性，每个游戏建议都以情境导入，通过比赛、角色扮演、同伴互助、师幼互助等方式使儿童体验活动的趣味；通过富有童趣的标志、吸引儿童玩耍的器材等来激发儿童参与游戏的兴趣。

幼儿园及小学低龄段的训练、游戏和比赛，每次以20～30分钟为宜，总时长不宜超过40分钟（含准备及放松活动时间）。

游戏活动长度。一次运动适量的儿童橄榄球教学游戏课程，一般计划不超过两个游戏活动，每个游戏活动安排10～15分钟，游戏前要安排准备活动，中途要安排一次喝水休息，活动后要安排3～5分钟放松时间并对活动进行总结。

活动准备。尽可能在儿童之前到达场地并提前放置好课程需要的场地和器材。

家长和其他老师。在活动期间，有时会请家长观摩，他们应站在离活动场地3米外的区域观看。如果场地条件允许，可以设置一个合适的标志物或者提示线提醒观摩者保持距离。旁观者可以给儿童鼓励加油，但不建议随时批评和干扰。

教师参与游戏。鼓励班级教师作为角色共同参与到游戏活动中，给儿童提供示范，更好地调动课程气氛。

活动人数。一次活动可容纳20～30人，根据具体游戏控制上场人数。每隔几分钟更换分组或者游戏角色互换，保证每个孩子有足够的参与度。

　　场地大小。一般建议最大场地为 20 米 ×20 米，也可以因地制宜。如果采用室内场地，要注意附近尽量不要有障碍物，确保有防护垫以保证安全。

　　防守方式。游戏中触碰式为儿童安全的身体接触方式。

　　球大小。3 号球（幼儿园）、4 号球（小学）。

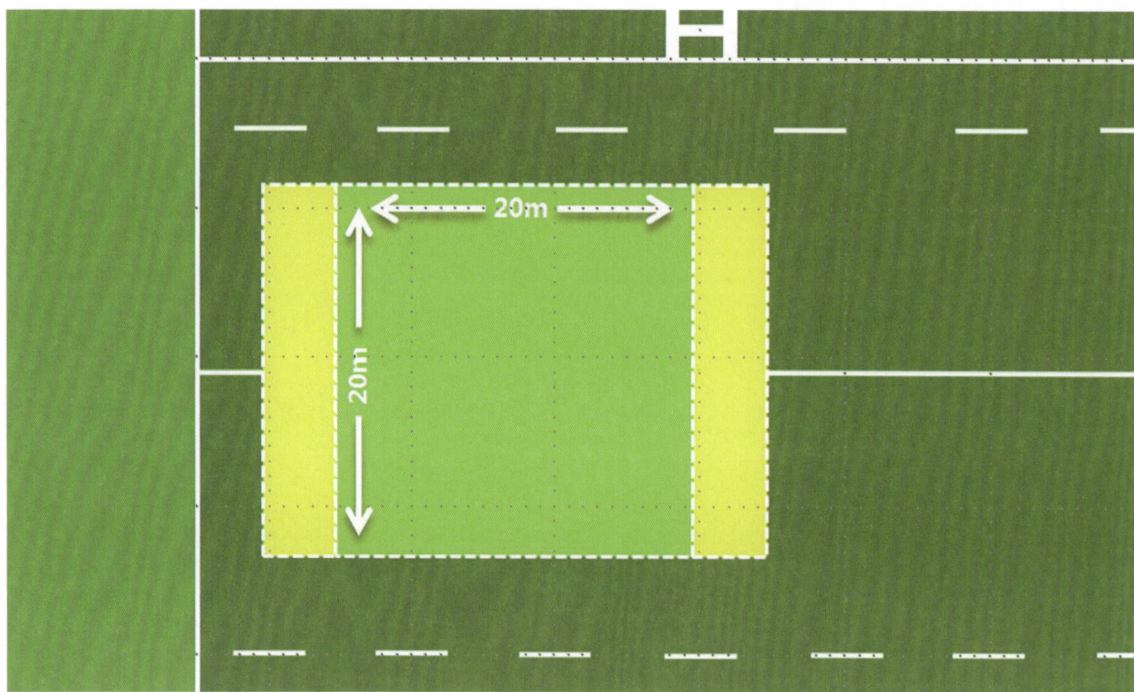

第二章

CHAPTER 2

教师在橄榄球游戏课程中的
定位与指导策略

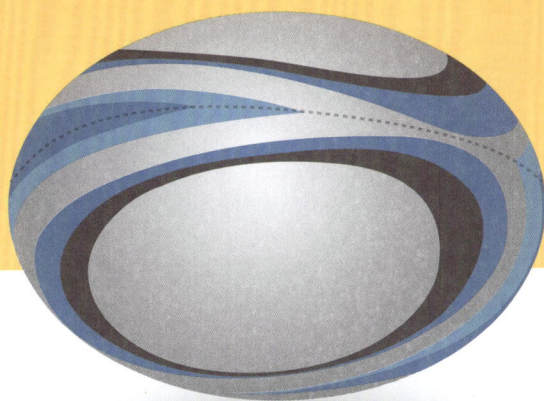

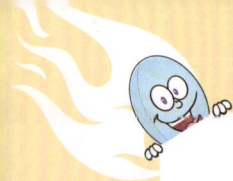

在儿童橄榄球教学游戏课程中，采用"双主体"（教师—儿童）教学模式。这意味着教师指导儿童在开展体育活动中面临更高的挑战。其中，最富挑战性的有两个方面：一方面是如何合理设置和设计游戏课程内容；另一方面是如何灵活有效地引导儿童参与游戏并达到目的。

第一节 教师角色定位

一、组织者

教师是整个游戏活动顺利有效开展的关键人物。在课程开始前要创设游戏情境，组织活动前的热身运动，充分激发儿童的兴趣，调动儿童的积极性。从游戏开始前的设计安排、场地布置、器材准备等环节，到活动过程中引导儿童高效参与、合理调节儿童运动量、有效指导助教，直至活动结束阶段的儿童身心放松活动、材料整理等都需要教师的精心设计和悉心指导。

二、支持者

每个儿童身心的发展水平和接受能力不同，教师指导的对象存在个别差异，情况复杂。不同的运动器具的使用方法和策略均不同，教师需要合理运用以达到最优效果。在运动游戏过程中，教师除了给予针对性的指导，还要给予儿童心理上的支持、言语上的鼓励、肢体上的扶持或材料上的变化等，使得每位儿童的运动潜能都能够得到激发。

三、合作者

在儿童橄榄球教学游戏课程中，教师面对的是4—8岁的儿童，他们喜欢探索、好奇心强，独立性及规则意识相对欠缺。教师针对这些特点，需要在关注师生关系时，积极参与到儿童的活动中去。教师采取的策略方式，以尊重儿童的需要为前提，也要考虑到行为示范和规则引领。

四、反思者

游戏课程的梳理发展和完善离不开教师的反思。教师在教学指导中要多以儿童的现实表现为基础。教师在每次课程结束后应及时整理儿童参与活动的信息反馈，在游戏活动后不断反思和提升，使游戏课堂日趋完善。

第二节 儿童橄榄球教学游戏课程的指导策略

为了更好地发挥指导效用，我们在橄榄球教学游戏活动的开始阶段、进行阶段和结束阶段提出了相应的指导策略。当然，在这些指导策略之前，我们还将介绍一个"30秒原则"，让大家更好地吸引和组织儿童参与游戏活动。

"30秒原则"很有效果，因为孩子们学习的最佳方式是实践而不是听，30秒是儿童倾听最有效的时间。所以，牢记这一点，让他们用尽可能多的时间运动起来，用尽可能少的时间听纯粹的讲解。30秒后，很多儿童将会注意力分散，不再听讲，之后教师继续讲的内容将不会被记住和理解。

30秒时间仅允许教师抓住一个重点去告诉孩子们，让他们在游戏活动中去尝试。当教师观察他们的时候，请思考想表达什么。可以是鼓励，也可以是当问题出现时提供一个建议或者指示。利用"30秒原则"关注一个点，使这个简洁的信息更容易被掌握，学习效果更好。

在教师开始说话前，可以通过小游戏使孩子们安静下来，且吸引注意力，激发好奇心，可以使孩子们尽可能地专心，从而提高倾听效果。有时候，当教师介绍新的内容时，不得不对他们解释更长时间。在这种情况下，通过提问或者让助理教师进行演示，效果也很好。

一、活动前：细致而留有余地的准备

磨刀不误砍柴工，充分细致的准备活动是课程游戏活动顺利开展的第一步。游戏活动的准备将身心状态调到最佳，便于活动。游戏开始前运动的启动部分，除体育活动的热身部分外，还包含活动开始前的材料准备和器材摆放。教师不仅要细致勘察场地，确保器械的安全，还要认真规划场地。

（一）共建活动常规，培养良好习惯

儿童自控能力不足，对活动中器材的取放、脱放衣物、与同伴交往、活动范围等常规，往往还不能很好地自觉行动。因此，活动前，班级教师要帮助儿童建立良好的活动常规，保障活动顺利开展。

在课程开始前，可先和儿童进行谈话，提醒儿童遵守相关的活动规则。例如，儿童进入某个区域时，要学会排队；活动中出汗过多时，要主动拿取放在场地周围的汗巾擦汗水，若是纸巾，要将使用过的纸巾扔到旁边的分类垃圾袋中；根据教师安排的休息时间会到饮水点拿取自己的水杯喝水；热了知道脱外套，具有自我护理的意识，学会自我服务等。通过教师语言提示或同伴间相互启发，形成活动的一系列常规。

（二）创设主题情境，激发儿童兴趣

在游戏课程中，教师对儿童兴趣的调动起着重要的作用。教师通过有目的地创设一定的故事情境和角色并进行活动组织，让儿童乐于接受。

主题情境的创设主要来源于儿童的生活和兴趣点，结合儿童喜欢的电视、电影、图书中的情节创设相关情境。儿童通过扮演角色，完成任务要求，在情境中体验运动的快乐，达到练习动作、增加运动量的目的。

（三）带领儿童热身，身心共同调动

热身活动是进行课程游戏活动的一个重要环节，可以避免运动损伤的发生。在热身环节中，教师通过语言的调动、音乐的配合、动作的夸张等，使儿童身心得到充分调动，既有心理上的兴趣激发，又有生理上的肌体调动，促使儿童身心同步发展。

心理方面的调动，是指在活动一开始教师就要运用多种教育手段来激发儿童参与运动的积极性，保持愉快情绪，激起儿童内驱力。

生理方面的调动，主要是运用音乐律动、小游戏等技巧，使儿童的身体从安静状态逐步转入一个较兴奋的运动状态，为进行较大活动量和活动强度的运动做准备。

二、活动中：基于观察和分析的指导

游戏课程活动进程的阶段是橄榄球游戏最有效的阶段，时间一般占总课程时间的70%～80%。活动中，儿童身体的活动量和活动强度较大。教师在指导时必须做到观察先行，只有在观察的基础上，才能引发有效的指导和反思，并对下一次活动予以调整。在橄榄球游戏中，教师应该观察什么，指导什么，如何指导是值得探讨的。

（一）控制运动量

由于儿童自我调节的能力不足，如何引导、帮助儿童调节运动量和运动强度，就成了教师考虑的关键。教师需要对儿童活动时的出汗量、脸色等外显变化进行专业的判断，并采取有效的调整措施。通过适度提醒和引导儿童学习自我调节的方式，达到运动增量而不过量的锻炼效果。

（二）科学站位，安全防护

儿童的安全是需要教师积极关注的。在橄榄球游戏活动中，教师需要全面照看在场的每一个儿童，对具有挑战性的游戏可以适当增加助教人员。工作人员一般站在器材的起始处、交界处，或是难度风险性最大的地方，预防风险伤害或潜在危机。

（三）关注个体，分别对待

教师要根据儿童的能力差异，给予因人而异的关注和指导，使每个儿童在锻炼时都能有所提升。比如有胆小的儿童、内向的儿童、注意力不集中的儿童、运动量需求大的儿童等，针对这些不同特点的儿童，教师采取不同的互动方式和策略予以指导。对胆小的儿童，教师可用激励性的语言或者经常用点头、眼神示意、竖起大拇指等非语言行为和表情等激励；对相对内向的儿童，可予以"伸出一只手、给出一个肩"的方式，给儿童营造安全感；对注意力不集中的儿童可主动询问、邀请参与；对能力强的儿童则可多放手，鼓励先行示范及挑战来激励儿童。总之，要对游戏中的儿童做到了然于心、分别对待，为不同儿童提供有针对性的帮助，因材施教。

（四）适时介入，把握尺度

儿童的运动水平与教师介入的频率和深度有时无法完全同步。介入频率很高，但儿童的锻炼效果未必很好，因为过度介入往往会干扰、转移或者替代儿童原来的活动意向，降低儿童的自信心，挫伤儿童的积极性。相反，如果教师过度重视活动中儿童

的自由度，也可能会导致儿童放任自流，使游戏活动失去其原有的锻炼功能和教育价值。何时介入最好呢？需要教师认真观察、精准判断、及时介入，以达成助力成长的目标。

（五）及时调整，持续吸引

一般来说，教师对儿童的能力预估不足时会造成儿童运动量不够，活动器材的挑战性不够也不能持续吸引儿童。游戏难度比较大时，教师可用同伴的身份适时参与，为儿童提供游戏和运动的示范。儿童注意力持续时间不足时，教师可以通过新材料来提升儿童的兴趣。总之，教师针对具体的实际情况要及时作出调整，以有吸引力的游戏情境、教具、示范等方法来突破活动中可能遇到的瓶颈。

（六）同伴互助，增进交往

集体活动游戏就是一个小社交场。同伴间的交往学习有利于经验获得、交往发展。教学游戏中让儿童当"小老师"可以激励同伴间的相互学习，激发游戏的积极性，也会非常好地增加儿童良性交往和积极互动。

（七）及时评价，激发喜悦感

在橄榄球游戏活动中，教师的即时的、具体的、有针对性的评价，能激发儿童成功的喜悦感，能进一步激发儿童参与活动的愿望，也会充分调动儿童的积极性，成为"阳光宝贝"，挑战难度和自我。

三、活动后：兴尽而有序地退场

结束阶段即放松阶段，时间一般占用总活动时间的10%。目的是降低儿童大脑的兴奋度，放松肌肉，消除疲劳，让身体由兴奋状态逐步恢复到相对安静状态。这是一个必须重视的环节，不能轻易省略。

（一）游戏式放松，调整身心

教师通过指令让儿童回到指定区域，组织儿童放松活动。以游戏的口吻和语言让儿童从头到脚放松身体各个部位，还可以鼓励儿童和同伴合作，互相按摩身体各部位，达到放松的效果。

（二）共同参与，整理场地、材料

培养儿童自我管理和做事有始有终的良好习惯，教师按轮流原则，请部分儿童留下来和教师一起收拾游戏器材，其余儿童则整理衣服跟随班级教师有序回班。

第三章
CHAPTER 3

儿童橄榄球教学游戏 40 例

巨人宝藏	每小组的队员们试图在规定时间内在巨人的保护和防守下偷取更多

时间	技能要求	所需器材
>15分钟	>空间意识、脚步敏闪	>15颗橄榄球 来当做巨人的宝藏，4个标志桶围成正方形作为4个小组的起点，一件不同颜色的背心用来区分巨人。

怎么玩

> 分为四个小组；
> 一名队员作为守护宝藏的巨人；
> 巨人在宝藏周围巡逻；
> 所有宝藏（橄榄球）放在场地的中央；
> 游戏开始时，每组出来一名队员试图去偷一颗球回来并传给本组的队友；
> 被巨人抓到的队员必须把球放回原处；
> 当中间的球全部被偷光后，可以去其他小组偷球。

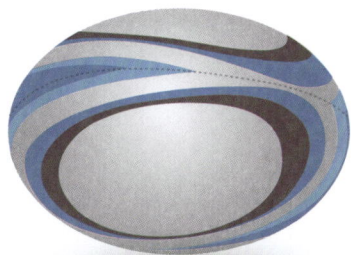

注意事项	改变方式
> 在试图躲避巨人偷球时注意身体重心和位置，避免出现与其他队员头部相撞	> 开始时可以先不设巨人防守，目的是鼓励其能正确地传球 > 教练可以是巨人

　　本章共提供了适合儿童学习和游戏的橄榄球游戏40例，教师可以根据儿童的发展需要，自行选择合适的游戏作为游戏内容进行教学。同时，每一例游戏均可以根据实际需要调整难易程度，以符合因地制宜的学习需求。

1 游戏名称 巨人宝藏

游戏说明 儿童分小组合作试图在巨人的保护和防守下获取更多的宝藏。

时间 15分钟。

发展目标 拾球能力、脚步躲闪能力和反应速度能力。

所需器材 15～20颗橄榄球（来当作巨人的宝藏）、4个标志盘（标记正方形作为小组的起点）、1件分队背心（区分巨人与儿童）。

所需场地 10米×10米大小的场地。

怎么玩

- 分为4个小组，每组4～8人在四角列队；
- 所有橄榄球宝藏放在场地中央；
- 一名儿童作为守护宝藏的巨人，巨人要在宝藏周围不停巡逻；
- 游戏开始时，每组的第一名儿童出来在不被巨人触碰的情况下去拿一颗球并将球带回，放到自己小组的旁边，之后回到小组的队尾排队，小组第二人继续出发拿球；
- 被巨人触碰到的持球儿童视为失败，必须把球放回原处并回到自己小组的队尾排队等待下一次出发；
- 按此顺序进行，直到场地中央的橄榄球宝藏全部被拿光，游戏结束；
- 总分为3分，拿取橄榄球最多的小组获胜得1分，更换防守的巨人后继续游戏，率先得到3分的小组赢得最终的胜利。

!注意事项

● 在躲避巨人和拾球时注意身体重心和位置，避免与其他儿童相撞；

● 控制巨人的防守尺度，采用正确的触碰方式，不可触碰无球人。

调整方式

● 开始时可以先不设巨人防守，比赛拿球的数量，目的是让儿童熟悉规则；

● 教师可以是巨人。

2 ▷ 游戏名称　躲避球

游戏说明　圆圈外面的儿童尝试用滚动橄榄球的方式来触碰圈内儿童的腿或脚，被触碰到的儿童加入圈外的儿童，圆圈内剩下的最后一名儿童为胜利者。

时间　15分钟。

发展目标　反应能力和敏捷能力。

所需器材　4颗橄榄球、3种颜色的分队背心（用来分组）、12个标志盘（标记圆圈的大小）。

所需场地　直径5米大小的圆形场地。

怎么玩

- 最多12名儿童进行游戏；

- 按照背心的颜色分成三个队伍，比如红、蓝、绿；

- 其中一队站在圆圈中间进行躲避，另外两队在圈外使用一颗橄榄球，用滚动橄榄球的方式尝试触碰到圈内的儿童；

- 游戏开始后，被球击中腿或脚的圈内儿童要加入圈外滚球的队伍中去；

- 三组轮流进行，圆圈内没有被球触碰到的最后一名儿童为每小组的胜利者。

! **注意事项**

● 采用地滚球的方式，不可扔球，鼓励用正确的姿势滚球；

● 躲避时注意观察队友位置，避免出现与他人碰撞的情况，提高自我保护能力；

● 注意把控游戏时间，每小组以 5 分钟为时间限制，如果 5 分钟内没有击中圈内儿童或圈内人数多于一人时，则没有被击中的圈内儿童全部获胜。

◉ **调整方式**

● 扩大或缩小游戏区的直径大小来增加游戏的难易程度；

● 使用不同大小的橄榄球和增加橄榄球数量可以调节游戏难易程度；

● 教师可以参与其中引导儿童进行游戏；

● 用瑜伽球代替橄榄球。

3 游戏名称　**背靠背**

🔲 **游戏说明** 两人一组背靠背站着，儿童们尝试以不同的方式将橄榄球传递给同伴。

🕐 **时间** 10分钟。

◎ **发展目标** 手眼协调能力、上下肢协调能力和持球手感。

🖥 **所需器材** 根据人数分组，两人使用1颗橄榄球。

📋 **所需场地** 各小组之间保持前后左右间隔2～3米。

怎么玩

- 两人一组，背靠背站立；
- 游戏开始后，两人成组儿童尝试用不同的方式合作进行传递球；
- 听到教师的结束口令后，儿童们交流感受，讨论出最合适的传球方式；
- 交换同伴，自由搭配。

⚠ 注意事项

🔵 鼓励儿童发挥想象力用不同的姿态传递球，但不可做扔球、抛球等危险的递球动作。

⊙ 调整方式

🔵 尝试蹲姿和趴姿等不同姿态传递球。

🔵 教师作为发令者，儿童们听口令传递球。

4 ▷ 游戏名称　小猪快跑

游戏说明　在规定区域内持球的进攻人（小猪）逃离防守人（猎人）的抓捕到达安全区。

时间　15 分钟。

发展目标　反应能力、脚步躲闪能力、持球跑动能力和速度能力。

所需器材　5 颗橄榄球、4 个标志桶（标记场地的大小和安全区的边线），10 个标志盘（标记场地中央的圆圈大小）、两种颜色的分组背心（区分小猪与猎人）。

所需场地　15 米×15 米大小的正方形场地中央一个直径 5 米大小的圆圈。

怎么玩

- 将儿童平均分为两组穿上分队背心（小猪和猎人），每组最多 5 人；
- 小猪持球在规定圆圈内顺时针跑动，猎人无球在圆圈外侧逆时针跑动；
- 当听到教师口令后，猎人儿童可以进入圆圈内触碰持球的小猪儿童，持球的小猪儿童尝试躲避防守的猎人儿童的抓捕逃到正方形场地外的安全区域得分；
- 防守的猎人儿童不可以触碰已到达安全区的小猪儿童，到达安全区并且没有被防守者触碰到的小猪儿童得 1 分；
- 之后两组互换角色，每组各有 5 个回合进攻与防守的机会，回合结束后得分最多的小组获胜。

ⓘ 注意事项

- 控制猎人防守者的防守尺度，采用正确的触碰方式；
- 确保安全区边线与中间圆圈有至少4米的距离；
- 所有儿童跑动时注意观察周围的同伴，避免与他人碰撞；
- 当听到教师口令后，儿童需要快速调整自己的位置进行防守或得分。

🎵 调整方式

- 减少小猪队的橄榄球数量，进攻队只有1～2颗球，开始前在圆圈中传递球，开始后持球人跑到安全区得分，而猎人只抓持球的小猪；
- 调整场地的大小来改变游戏的难易程度。

5 游戏名称 **猫和老鼠**

游戏说明 无球儿童（老鼠）在规定区域内躲避持球儿童（猫）的抓捕。

时间 10分钟。

发展目标 脚步躲闪能力、放球与拾球能力和耐力。

所需器材 3颗橄榄球、4个标志桶（标记场地的大小与边线）。

所需场地 15米×15米大小的正方形场地。

怎么玩

- 选择3名儿童持球作为小猫，其他无球儿童作为小老鼠；
- 所有儿童在规定的场地内分散站开；
- 游戏开始后，持球的小猫儿童用球去触碰无球的小老鼠儿童，小老鼠要躲避小猫的触碰；
- 当小猫触碰到小老鼠后要双手将球放在地上（达阵）后跑掉，这时双方角色互换；
- 被触碰到的无球儿童由小老鼠的角色转换成小猫，而持球儿童放球后由小猫的角色转换成小老鼠；
- 被触碰到的无球儿童做3个蹲起后拾起地上的球作为小猫去触碰其他无球的小老鼠儿童。

⚠ 注意事项

🔹 在试图躲避时注意身体重心和观察其他同伴的位置，注意观察四周避免与其他同伴碰撞；

🔹 持球人采用正确的触碰和放球方式，避免出现扔球和掉球等情况；

🔹 教师注意观察儿童的状态，避免出现大量出汗、气喘脸红等体力不支的情况发生。

📷 调整方式

🔹 游戏熟练后被触碰者不用做蹲起等动作，可直接拾球进行抓捕；

🔹 调整场地大小，持球人与无球人的人数相同。

6 游戏名称 冰冻人

游戏说明 在规定时间和区域内无球人躲避持球人的抓捕，当被抓捕儿童触碰到则会被冰冻。

时间 15分钟。

发展目标 脚步躲闪能力、持球跑动能力和耐力。

所需器材 1～3颗橄榄球、1～3件相同颜色的分队背心（与无球儿童区分）、4个标志桶（标记场地的大小和边线）。

所需场地 15米×15米大小的正方形场地。

怎么玩

- 选择1～3人持球作为抓捕儿童并穿戴分队背心，其余儿童作为逃跑儿童；

- 所有儿童在规定的场地内分散站开；

- 游戏开始后，持球抓捕的儿童尝试用球去触碰无球儿童，无球儿童要进行躲避；

- 被触碰到的无球儿童则被冰冻住，并以金鸡独立的姿势保持不动；

- 没有被冰冻的儿童可以解救被冰冻儿童，即围绕被冰冻儿童跑一圈且没有被抓捕儿童用球触碰到则成功解冻，解冻后的儿童可继续加入游戏中去；

- 在游戏中教师不断更换持球的抓捕儿童。

⚠ 注意事项

🔹 在试图躲避时注意身体重心，观察其他同伴的位置，注意观察四周避免与其他同伴碰撞；

🔹 持球人采用正确的触碰方式，避免扔球；

🔹 被冰冻儿童遵守游戏规则，不可在没有解冻的情况下继续加入游戏；

🔹 教师注意观察儿童的状态，避免出现大量出汗、气喘脸红等体力不支的情况。

🔘 调整方式

🔹 增加持球的抓捕儿童，调整场地的大小来改变游戏难易程度；

🔹 教师可以参与引导儿童。

7 ▷ 游戏名称　**面对面**

📖 **游戏说明**　两人一组进行橄榄球运动动作镜像模仿游戏。

🕐 **时间**　10分钟。

🎯 **发展目标**　反应能力、想象力和身体协调能力。

🔘 **所需器材**　每名儿童手里1颗橄榄球。

📋 **所需场地**　各小组之间能够前后左右间隔2～3米大小的场地。

怎么玩

- 两人一组，每人一颗橄榄球进行镜像模仿游戏；
- 一人用球来做动作，另一人则进行对应的镜像模仿；
- 与不同小组进行同伴交换。

⚠ 注意事项

- 不可以做危险动作（如站在球上、高抛球）；
- 做一些行进间或大幅度动作时注意观察四周的儿童，避免出现碰撞。

☺ 调整方式

- 可以多人一组进行游戏，一人做动作其余人进行镜像模仿；
- 教师可以引导，儿童进行模仿。

8 ▸ 游戏名称　**碰碰碰**

📰 **游戏说明**　儿童持球触碰他人，同时避免自己被其他持球儿童触碰到。

⏱ **时间**　15分钟。

◎ **发展目标**　反应能力、脚步躲闪能力、持球跑动能力和耐力。

⊕ **所需器材**　每个儿童手里1颗橄榄球、4个标志桶（标记场地的大小和边线）。

▤ **所需场地**　15米×15米大小的正方形场地。

怎么玩

● 每个儿童手里一颗橄榄球，所有儿童在规定的场地内分散站开，保持安全距离；

● 游戏开始后，儿童们用球触碰其他同伴的同时也要防止自己被触碰；

● 被触碰到的儿童要立刻跑出场地外将球放到地上轻踢后拾起，方可继续加入游戏。

⚠ **注意事项**

● 在试图躲避时注意身体重心和观察其他同伴的位置，注意观察四周避免与其他同伴碰撞；

● 持球人采用正确的触碰方式，避免出现扔球等情况；

● 教师注意观察儿童状态，避免出现大量出汗、气喘脸红等体力不支的情况。

调整方式

● 被触碰的儿童出场地后可采用多种动作（放球、滚球、抛球、蹲起等）来重新加入比赛；

● 调整场地的大小调节游戏的难易程度，1～2名儿童无球进入游戏，只能躲避；

● 教师可以参与引导儿童。

9 ▷ 游戏名称　**灵活的小脚**

📖 **游戏说明**　小组儿童坐在地上用脚进行传递球。

🕐 **时间**　10分钟。

◎ **发展目标**　团队合作能力和下肢控制能力。

⊕ **所需器材**　每小组1颗橄榄球。

▤ **所需场地**　各小组之间能够前后左右间隔2～3米大小的场地。

怎么玩

- 根据人数进行平均分组；

- 小组面对面围成一圈坐下；

- 游戏开始后，小组儿童们用双脚夹球依次传递给下一位儿童；

- 率先完成一圈的小组获胜得1分；

- 总分为3分，率先得到3分的小组赢得最终的胜利。

！ 注意事项

🔵 教师提醒儿童双手撑在地上以保持身体平衡和稳定；

🔵 鼓励儿童遵守正确的规则公平竞争，出现掉球后从原地用双脚夹起球继续游戏。

💿 调整方式

🔵 坐成不同的队列来传递球（S形、一字形、V字形等）；

🔵 儿童可以面朝外侧用脚进行传递球。

10 游戏名称 V字接力赛

游戏说明 两组儿童在V字形的队列上进行向后传球的接力赛。

时间 15分钟。

发展目标 传接球能力、团队合作能力、速度能力和专注力。

所需器材 2颗橄榄球、2种颜色的分队背心、14～18个标志盘（用来标记V字形位置和得分区的位置）。

所需场地 长10米，宽度能够斜向摆开6～8个标志盘的场地。

怎么玩

- 将儿童分为两组，每组6～8人；
- 沿对角呈V字形的标志盘站开，V字形顶端的两位儿童持球；
- 游戏开始后，每组依次传球给斜后方儿童直到最后一名儿童；
- 最后一名儿童接球后持球跑到得分线进行得分（在达阵线以外持球触地），得分后跑回到本组V字形最顶端的位置，其他儿童则顺移到下一个标志点上；
- 按此顺序重复进行，3分钟内按每小组完成得分的人数进行记分，总分多的小组获胜得1分；
- 进行5轮游戏，得分最多的小组赢得最终的胜利。

! 注意事项

● 教师提醒儿童注意传接球动作，鼓励使用正确的传接球动作和姿势；

● 儿童传球后立刻跟进顺移到下一个标志点上。

☞ 调整方式

● 根据传接球熟练度改变传球的距离；

● 面朝不同方向进行传接球。

SCORE LINE

达阵线

11 > 游戏名称　**抓小鱼**

🔵 **游戏说明** 持球儿童（小鱼）试图躲避捕鱼者的防守抓捕到达安全区得分。

🔵 **时间** 15分钟。

🔵 **发展目标** 团队合作能力、脚步躲闪能力和空间意识。

🔵 **所需器材** 小鱼儿童人手1颗橄榄球、1根腰旗、2件相同颜色的分队背心（用来小鱼儿童的区分）、4个标志桶（用来标记场地的大小与边线）。

🔵 **所需场地** 10米×10米大小的正方形场地。

怎么玩

- 两名儿童穿戴分队背心作为捕鱼者单手共持一根腰旗形成渔网，在场地中间进行防守；
- 持球的小鱼儿童统一在场地边线的一侧；
- 游戏开始后，持球的小鱼儿童们试图躲避捕鱼者的触碰到达另一侧安全区得分，得分的小鱼儿童在场地边线两侧绕回到起点准备下一轮游戏开始；
- 被触碰到的小鱼儿童退到场地外面做5个蹲起，之后要返回到起点边线等待教师发出下一轮游戏开始的口令才可继续加入游戏；
- 捕鱼的两名防守儿童要在腰旗没有离手的情况下用手或腰旗触碰到小鱼；
- 累计抓捕到4条小鱼后游戏结束，其他没有被抓到的儿童为胜利者。
- 之后教师选择两名新的捕鱼儿童继续游戏。

！注意事项

● 控制防守者的防守尺度，不要有冲撞、击打等过激行为，采用正确的触碰方式；

● 在试图躲避时注意身体重心，观察其他同伴的位置，注意观察四周避免出现与其他同伴碰撞；

● 教师合理控制时间，捕鱼的儿童长时间没有抓到小鱼要及时更换。

▣ 调整方式

● 将腰旗的长度加长，扩大防守面积；

● 比赛区域扩大，增加防守儿童的数量。

12 游戏名称　盲人回家

游戏说明　蒙着眼睛穿过队友之间形成的走廊到达得分线得分。

时间　15分钟。

发展目标　感知能力和空间意识。

所需器材　每组1颗橄榄球和1块眼罩、6～8个标志盘来标记走廊的大小和长度。

所需场地　每个小组3米×5米大小的长方形场地。

怎么玩

- 根据人数分组，每组7～9人；
- 本组儿童面对面站立在摆放成走廊的标志盘上；
- 游戏开始后，小组中一名儿童戴上眼罩持球从队友组成的走廊的一端向另一端的得分线走去并得分；
- 当持球人过于靠近走廊边上的小伙伴时，小伙伴击掌3次引导其正确的方向（不可以说话）；
- 当持球儿童放下球时才可以摘下眼罩看其是否到达得分线；
- 之后换本小组其他儿童继续进行游戏；
- 各小组所有儿童都完成后，得分最多且用时最短的小组获胜。

⚠ 注意事项

🏈 持球儿童超过得分线但没有放球并继续向前走时，教师可在适当的时机提醒。

⦿ 调整方式

🏈 人数较少时，走廊两侧的儿童可以跟着持球儿童移动并拍手提醒，每组最少为 3 人；

🏈 持球儿童可以尝试慢跑。

13 游戏名称 猎人与松鼠

游戏说明 松鼠拾起松子（橄榄球）绕过标志点后躲避猎人的抓捕。

时间 15分钟。

发展目标 拾球能力和脚步躲闪能力。

所需器材 1颗橄榄球、2种颜色的分队背心（用来区分松鼠与猎人）、4个标志盘（用来标记场地的大小和边线）。

所需场地 5米×5米大小的正方形场地。

怎么玩

- 分为两组进行比赛，一组作为松鼠，一组作为猎人；
- 两组各出一名儿童背对背站立分别面向得分线与球的起点；
- 进攻的松鼠儿童喊口令后开始，双方围绕标志点后进行攻防；
- 面对球的松鼠儿童拾球围绕标志点后试图躲避猎人的防守进行得分；
- 被猎人触碰到则进攻失败，进攻成功或失败后将球递给本组第二人并到队尾排队；
- 按此顺序进行，之后双方交换角色，一轮过后，得分最多的小组获胜得1分；
- 总分为3分，率先得到3分的小组赢得最终的胜利。

⚠ 注意事项

- 控制防守者的防守尺度，不要有过激行为，采用正确的触碰方式；
- 拾球时抬头注意防守人的位置，避免相撞；
- 鼓励儿童灵活利用脚步来躲避防守。

🔘 调整方式

- 调整场地的大小来改变游戏的难易程度；
- 增加两名进攻儿童对两名防守儿童或两名进攻儿童对一名防守儿童。

GO!

5m

14 游戏名称 守卫城堡

游戏说明 进攻方尝试越过守卫的防线，在规定时间内将尽可能多的橄榄球留在城堡内。

时间 15分钟。

发展目标 持球跑动能力、脚步躲闪能力、团队合作能力和空间意识。

所需器材 20～30颗橄榄球、8个标志盘（用来标记起点、边线、地牢和城堡），3～5件相同颜色的分队背心（用来区分守卫与侵略者）。

所需场地 15米×10米大小的长方形场地。

怎么玩

- 分为3～5组，每组3～5人，一组先做为守卫，其余的小组儿童先作为进攻方；

- 城堡与守卫相距3～5米远，守卫只能在城堡前面的边线两侧向横向移动进行防守；

- 游戏开始后，进攻方排成一列听教师口令从起点依次出发，在规定的时间内尝试穿过守卫的防守，在不被触碰的情况下将球放进城堡内即为得分；

- 进攻方进入城堡放球后，从外侧跑回起点重新拾球进攻；

- 被守卫触碰到的进攻方不可放球并持球送入地牢中；

- 进攻方想要从地牢中被释放出来必须做5次抛接球，之后返回到起点排队继续游戏；

- 每3分钟交换一组守卫儿童，最后城堡中被进攻方放入橄榄球最少的守卫小组获胜。

! 注意事项

- 进攻人和防守人注意观察队友位置，避免两人跑到同一位置而相撞；
- 控制防守者的防守尺度（不要有过激行为），采用正确的触碰方式；
- 进攻方必须在规定时间内完成进攻，10秒左右的时间最佳。
- 教师根据防守的程度合理地控制起点出发儿童的间隔时间。

☞ 调整方式

- 调整场地的大小或守卫的人数，改变防守与进攻难度。

地牢

起点

终点

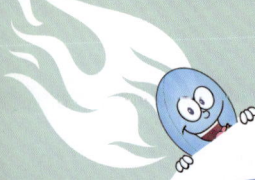

15 游戏名称 **调皮的橄榄球**

游戏说明 教师将橄榄球以不同的高度和方向（中高低、地滚球等方式）抛给儿童，儿童将球接住后传球给教师。

时间 10分钟。

发展目标 传接球能力和反应能力。

所需器材 1～5颗橄榄球、1～5个标志盘（用来标记每小组的位置）。

所需场地 各小组之间能够间隔1～2米大小的场地。

怎么玩

- 分为1～5组，各小组儿童在标志盘位置一列排好；
- 听到教师口令后，每个小组的第一名儿童准备接球；
- 教师以同样的抛球方式依次给各小组抛球；
- 接到球后，各小组儿童依次将球传回给教师，并回到本组队尾排队，小组第二名儿童准备接球；
- 按此顺序进行一轮后，教师换一种方式抛球；
- 3～5种方式抛接球后，掉球最少的小组获胜。

⚠️ **注意事项**

🔵 教师第一次抛球时不要抛太高，根据儿童水平来调整抛球难度；

🔵 提醒儿童接高球时注意接球手型和位置，避免出现戳伤手指的情况；

🔵 每小组儿童人数不宜过多，3人最佳。

💬 **调整方式**

🔵 各小组中传接球较好的儿童可以代替教师来抛球；

🔵 儿童们接球熟练后可增加距离在跑动过程中的接球。

16 ▶ 游戏名称　追逐大战

游戏说明 持球人围绕"8"字形的标志盘跑动躲避防守人的追击。

时间 15分钟。

发展目标 身体协调能力和速度能力。

所需器材 1颗橄榄球、20个标志盘来摆放8字形的2个圆圈、2种颜色的分队背心（用来分组）。

所需场地 能够摆放两个直径为3米大小圆圈的场地。

怎么玩

- 根据人数分为两组，分别穿上不同颜色的分队背心；
- 每组每次派出一名儿童，一人持球跑，一人追逐；
- 听到教师口令后，持球儿童围绕"8"字形的圆圈跑动，无球儿童追逐并尝试触碰持球人；
- 当持球人没有被无球儿童触碰并跑回到起点时，获胜得1分；
- 之后双方交换角色，一轮过后，得分最多的小组获胜。

⚠ 注意事项

- 防守人追逐时注意采用正确的触碰方式；
- 教师根据儿童身体素质情况进行分组，尽可能保持公平。

🗝 调整方式

- 增加跑动圈数，扩大跑动面积；
- 改变跑动路线形状，如 Z 字形和 W 形。

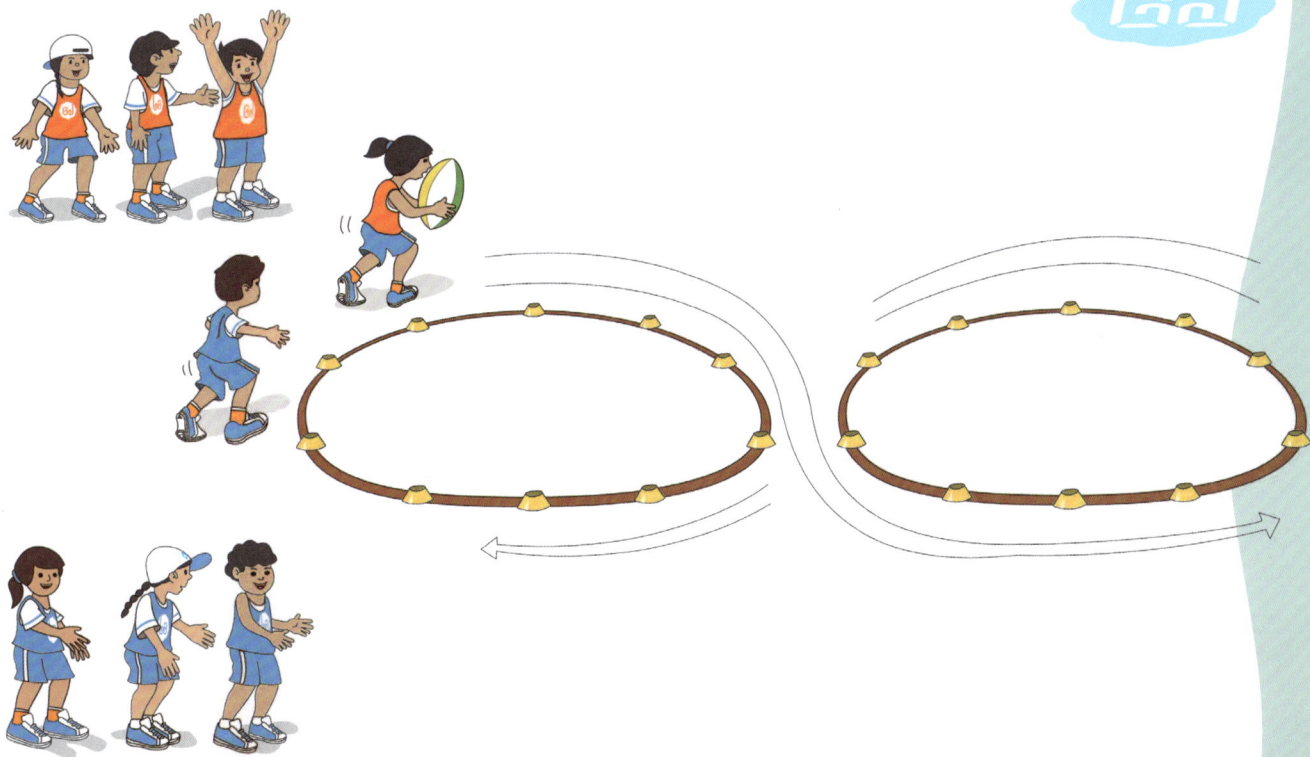

17 游戏名称　**达阵接力赛**

📖 **游戏说明** 各小组之间进行橄榄球达阵得分接力赛。

⏱ **时间** 15分钟。

🎯 **发展目标** 速度能力和团队合作能力。

💽 **所需器材** 4颗橄榄球、4个标志盘标记起点、4种颜色的分队背心（用来分组）。

📋 **所需场地** 10米×10米大小的正方形场地。

怎么玩

- 根据人数分为四组，穿上不同颜色的分队背心；

- 分组排列，每组的第一人持球；

- 游戏开始后，排头儿童持球跑到阵区达阵得分后跑回并递球给下一人，自己则回到本组队尾排队；

- 小组所有儿童都完成一次得分后游戏结束，率先完成的小组获胜得1分；

- 总分为3分，率先得到3分的小组赢得最终胜利。

⚠ 注意事项

🔹 持球跑动时注意持球动作，不可单手持球；

🔹 达阵和递球给下一人时注意提前控制速度，递球时与接球人错开位置避免出现控制不住速度摔倒或相撞的情况。

💬 调整方式

🔹 增加跑动距离；

🔹 递球改为传接球。

SCORE LINE 达阵线

18 ▷ 游戏名称　冲过障碍

游戏说明 各小组之间进行橄榄球障碍跑接力赛。

时间 15分钟。

发展目标 速度能力和身体协调能力。

所需器材 4颗橄榄球、4个标志盘（标记起点）、4种颜色的背心（用来分组）、栏架、绳梯、拱门、标志筒等标志物（用来当作障碍）。

所需场地 10米×10米大小的正方形场地。

怎么玩

- 根据人数分为4组，穿上不同颜色的背心；

- 分组排列，每组的第一人持球；

- 游戏开始后，排头儿童持球跑动躲避或跳跃障碍到阵区达阵得分后跑回并递球给下一人，自己则回到本组队尾排列；

- 小组所有儿童都完成一次得分后游戏结束，率先完成的小组获胜得1分；

- 总分为3分，率先得到3分的小组赢得最终胜利。

! 注意事项

● 教师根据儿童水平来制定需要完成的动作和障碍物；

● 达阵和递球给下一人时注意提前控制速度，递球时与接球人错开位置避免出现控制不住速度摔倒或相撞的情况。

📢 调整方式

● 增加障碍难度和跑动距离；

● 递球改为传接球。

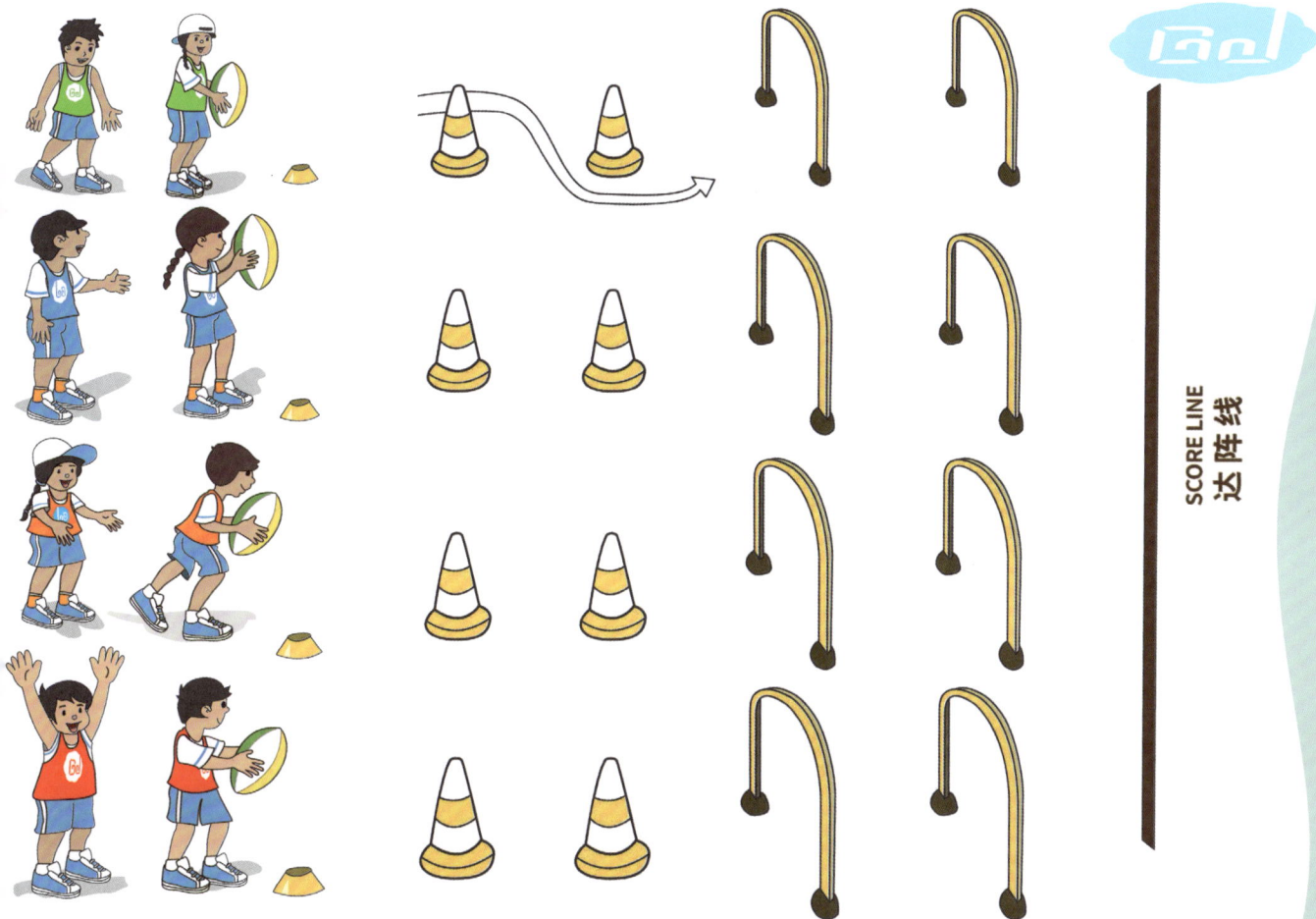

SCORE LINE 达阵线

19 > 游戏名称　动物世界

游戏说明 儿童持球根据教师口令模仿各种动物来完成动作。

时间 15分钟。

发展目标 身体协调能力。

所需器材 5颗橄榄球、5个标志盘标（用来标记起点）、5个标志桶（用来标记终点）。

所需场地 10米 × 10米大小的正方形场地。

怎么玩

- 将儿童们平均分为五组，在5个标志盘上排列，每组的第一位儿童持球；

- 教师喊出动物的名字后开始游戏，比如喊开始模仿青蛙跳；

- 持球儿童开始模仿，像青蛙一样向前跳跃到与起点相对的终点处，围绕标志桶一圈后跳回到起点将球递给小组的第二名儿童后到队尾排列；

- 各小组所有儿童完成一次模仿后，教师换下一种动物继续游戏。

! 注意事项

- 教师应根据儿童能力选择合适的动物进行模仿并逐步提高难度；
- 每次选择动物后，教师要提醒儿童动作的要求和标准，并做示范动作。

调整方式

- 增加两侧的距离；
- 采用接力赛形式。

20 ▷ 游戏名称　彩色的道路

游戏说明　根据教师口令中提到的颜色持球进行变向跑动。

时间　15分钟。

发展目标　脚步能力和身体协调能力。

所需器材　4颗橄榄球、4个标志桶（标记起点）、4种颜色的标志盘（用来摆放跑动路线）、4种颜色的分队背心（用来分组）。

所需场地　10米×10米大小的正方形场地。

怎么玩

- 分为四组，每组1颗橄榄球；

- 不同颜色的标志盘摆放不同的路线；

- 儿童在标志盘路线后一米处的标志桶起点准备；

- 教师引导儿童了解各自小组所对应的颜色及跑动路线；

- 教师发令后儿童开始按照相应颜色的标志盘跑动，并按原路跑回递球给下一人，率先完成的小组获胜得1分；

- 总分为5分，率先得5分的小组赢得最终的胜利。

⚠ 注意事项

- 起点之间和标志盘摆放的间距大一些，避免儿童相撞；
- 提醒儿童脚步要贴近标志盘旁边，但不可以踩到。

🕹 调整方式

- 增加跑动的距离；
- 打乱各种颜色的标志盘路线，让儿童自行选择路线。

Goal

21　游戏名称　A 或 B

游戏说明 儿童进行 1 对 1 进攻和触碰防守，可以选择 AB 两个方向进行达阵得分。

时间 15 分钟。

发展目标 脚步躲闪能力和空间意识。

所需器材 1 颗橄榄球、6 个标志盘（标记场地的大小、边线和起点）、2 种颜色的分队背心（用来分组）。

所需场地 5 米 × 5 米大小的正方形场地。

怎么玩

- 将儿童平均分为两组，在场地对角线处的标志盘后排列；
- 一组儿童持球进攻，另一组进行防守；
- 教师发令后，防守儿童必须等进攻儿童进入场地后才可在起点出发进行防守；
- 进攻儿童可以选择 A 或 B 两个方向的其中一个进行达阵得分；
- 在达阵前没有被防守触碰到则得分成功，被触碰则失败，之后将球递给下一人并回到本组队尾排列；
- 按此顺序进行，之后双方互换角色，一轮过后得分最多的小组获胜得 1 分；
- 总分为 3 分，率先取得 3 分的小组赢得最终的胜利。

！注意事项

控制防守者的防守尺度（不要有过激行为），采用正确的触碰方式；

提醒儿童注意控制与防守儿童的距离和变向时的重心，避免出现相撞的情况。

调整方式

教师可以当作防守者，鼓励儿童运用假动作、脚步躲开防守；

教师传球给进攻儿童，接球后进入场地。

22 ▷ 游戏名称　**踢球大战**

📖 **游戏说明**　儿童尝试用脚将橄榄球踢进球门中。

⏱ **时间**　15分钟。

🎯 **发展目标**　腿部控制能力和身体协调能力。

⊞ **所需器材**　4颗橄榄球、4个小拱门、4个标志盘（当作球托）、4种颜色的分队背心（用来分组）。

▤ **所需场地**　4米×8米大小的长方形场地。

怎么玩

- 平均分为四组，在四个标志盘处排列，每组1颗橄榄球；

- 每小组前1～2米处对应着一个拱门，拱门之间有1～2米的间距；

- 游戏开始后，各小组第一名儿童把球放在球托上并尝试将球踢进拱门中，踢球后捡球回来递给下一人；

- 一轮结束后进球最多的小组获胜得1分；

- 总分为3分，率先得到3分的小组赢得最终的胜利。

⚠ 注意事项

- 选择大小和柔软度适中的橄榄球；
- 踢球前教师示范正确的动作，并检查儿童的鞋子；
- 所有儿童将球踢出后方可进行捡球。

🕹 调整方式

- 增加与球门的距离和踢球的高度，初学者根据情况可比试踢球的远度；
- 采用双手持球的方法将球踢出。

23 游戏名称　**小火车头**

🔘 **游戏说明**　每个小组的儿童像火车一样排成一列，第一人持球当作火车头，后面儿童进行跟跑，听教师引导与提示不断更换新的小火车头。

🕐 **时间**　15分钟。

◎ **发展目标**　反应能力、灵敏能力和耐力。

🔘 **所需器材**　4颗橄榄球、4个标志盘（标记场地的大小和边线）。

🔳 **所需场地**　15米×15米大小的正方形场地。

怎么玩

- 平均分为四组，在场地中排成一列；
- 每小组的第一名儿童持球作为火车头；
- 游戏开始后，火车头儿童在规定区域内任意跑动，本小组儿童跟着火车头跑动；
- 教师再次发令时，火车头儿童递球给下一人并排到队尾，新车头继续领跑；
- 按此顺序直到每个儿童都当过火车头，游戏结束。

⚠ 注意事项

● 每小组人数不易过多，4～6人最佳，跑动时注意儿童之间的距离和速度；

● 场地区域大小适中，避免出现儿童相撞或体力不支的情况。

📷 调整方式

● 场地中摆放一些标志桶、拱门等作为障碍物；

● 跟跑儿童要重复火车头儿童的动作。

24 > 游戏名称　**滚球球**

游戏说明　儿童用手将橄榄球在规定的范围和路线内滚动至目标地点。

时间　15分钟。

技能要求　控制球的能力。

所需器材　4颗橄榄球、40个标志盘（标记滚动区域）。

所需场地　10米×10米大小的正方形场地。

怎么玩

- 将儿童分为4个小组，小组成一列站好，每小组1颗橄榄球；

- 游戏开始后，身体呈低姿用双手沿规定区域直线滚动橄榄球到阵区；

- 将球滚出规定区域时要把球放回到出界点后，继续滚球；

- 到阵区得分后持球跑回将球递给本组第二名儿童并到队尾排列；

- 按此顺序进行，每个儿童做3～5次，游戏结束。

!注意事项

- 选择大小适中的橄榄球；
- 尝试让球贴着地面平稳滚动。

调整方式

- 增加难度，单手滚球、手脚结合、过S形滚球等；
- 采用接力赛的形式。

SCORE LINE 达阵线

25 ▷ 游戏名称　搬运球

游戏说明 各小组儿童合作将球搬运到指定位置。

时间 15分钟。

技能要求 传接球能力和团队合作能力。

所需器材 20颗橄榄球、16个标志盘（标记各小组排列的位置）、8个轮胎（当作放球点）。

所需场地 10米×10米大小的正方形场地。

怎么玩

● 平均分为四组，每组儿童在四列标志盘上站立，每组的一侧对应1个轮胎；

● 标志盘之间间隔1米，球放在一侧距离每组标志盘3米处的4个轮胎中，每个轮胎中5颗橄榄球；

● 游戏开始后，在球一侧的第一个儿童跑去拾球并回到标志盘位置，将球依次传递到本组最后一名儿童手中，最后一个儿童接球后将球放到另一侧的轮胎中完成一次搬运；

● 率先将5颗橄榄球搬运完成的小组获胜，完成后本小组儿童之间互换位置；

● 所有儿童体验过不同的位置后游戏结束，获胜次数最多的小组赢得最终的胜利。

！注意事项

● 小组人数不易过多，4 ～ 6 人最佳。

调整方式

● 增加儿童之间的距离，递球改为传接球；

● 选择胯下递球、头顶递球等不同的方法。

26 游戏名称 抓尾巴

游戏说明 儿童尝试抓住教师身上的腰旗。

时间 15分钟。

发展目标 灵活性和手眼协调能力。

所需器材 1颗橄榄球、40条腰旗（作为尾巴），4个标志盘（标记场地的大小、边线和起点）。

所需场地 10米×10米大小的正方形场地。

怎么玩

- 将儿童分为四组，在正方形场地的四角排队准备；
- 游戏开始后，每小组的第一名儿童进入场地尝试抓掉教师身上的小尾巴，一人一次只能抓一条尾巴；
- 教师佩戴尾巴并持球在场地中躲避儿童；
- 儿童抓掉尾巴后要带着抓掉的尾巴回到小组的队尾，小组下一位儿童进入场地开始游戏；
- 教师身上的尾巴全部被抓掉，游戏结束，抓掉尾巴最多的小组获胜。

⚠ 注意事项

● 选择大小适中的场地，分组不宜过多，3 ～ 4组最佳；

● 教师在躲避时要注意儿童的位置，避免撞到儿童，儿童之间观察位置避免相撞；

● 准备足够的腰旗，尽可能地让每个儿童都能够抓到腰旗。

◎ 调整方式

● 两个教师佩戴腰旗在场地中躲闪和传接球，儿童抓有球教师的腰旗；

● 每名儿童身上戴上两条腰旗，各小组4人之间互相抓尾巴，时间限制在10秒以内，之后返回本组队尾由下一人继续进行，一轮过后抓掉尾巴最多的小组获胜。

27 > 游戏名称　导弹发射

游戏说明 儿童尝试将橄榄球投进轮胎中心。

时间 15分钟。

发展目标 手部控制能力和手眼协调能力。

所需器材 4颗橄榄球、小汽车轮胎4个、8个标志盘（用来标记起点和投球点）、4种颜色的分队背心（用来分组）。

所需场地 10米×10米大小的正方形场地。

怎么玩

● 将儿童分为四组，每组一颗球在正方形场地的四角排列；

● 场地中心将4个轮胎平铺，距离轮胎一米处有4个投球点与场地的四角对应；

● 游戏开始后，每小组第一名儿童持球到投球点尝试将球投进相对应的轮胎中；

● 直到投进后将球取出跑回递给本组第二名儿童并排到队尾，第二名儿童继续出发；

● 按此顺序进行，一轮过后率先完成的小组获胜得1分；

● 总分为5分，率先得到5分的小组赢得最终的胜利。

⚠ 注意事项

- 选择大小适中的橄榄球和宽度适中的轮胎，用双手传球的正确姿势投球；
- 在投进后进行拾球时，抬头注意躲避其他小组儿童的投球。

💬 调整方式

- 增加投球距离和轮胎高度，最高到儿童腰部；
- 在投球点两侧横向摆放两个标志盘，由一侧向另一侧跑动中进行投球。

28 游戏名称 拉力赛

游戏说明 两名儿童通过拉力绳进行反向拉力互相较量，尝试先达阵得分。

时间 15分钟。

发展目标 腿部力量和四肢协调能力。

所需器材 两人1根拉力绳、每名儿童1颗橄榄球、20个标志盘（用来标记得分区）。

所需场地 5米×10米大小的长方形场地。

怎么玩

- 儿童平均分为两组，男女均等，每人一颗橄榄球；
- 一根拉力绳系在腰间，小组之间进行一对一拉力赛，男生对男生，女生对女生；
- 游戏开始，双方互相进行拔河，尝试将球触碰到标记的阵区得分，直到一方得分为止；
- 一方得分则游戏结束，得分最多的小组获胜得1分；
- 总分为5分，率先获得5分的小组赢得最终的胜利。

！注意事项

● 分组时选择身材力量相近的儿童进行较量，小组之间间距拉大，避免与其他小组侧向相撞；

● 拉力绳两端的距离长一些，避免出现儿童被拉回来背与背相撞的情况。

● 人数过多时可采用再分组较量，比如男生先开始，女生后开始。

☞ 调整方式

● 将两条拉力带连接起来，每条拉力带里站两人，进行二对二拉力赛；

● 教师可以在拉力带的另一端与四名儿童或六名儿童进行拉力赛。

达阵线 SCORE LINE

SCORE LINE 达阵线

Go!

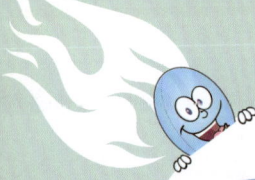

29 游戏名称 **滚动的轮胎**

游戏说明 儿童尝试把橄榄球扔进滚动中的轮胎中心。

时间 15分钟。

发展目标 手部控制能力、手眼协调能力和拾球能力。

所需器材 10颗橄榄球、、一个轮胎、2把10米长的长椅、12个标志盘（标记放球位置和起点）。

所需场地 15米×3米大小的长方形场地。

怎么玩

● 将儿童分为两组，分别在距离长椅两侧1米的起点处排列；

● 两条长椅合并成一字形在场地中央竖向排列，距离长椅两侧1～2米处各摆放间隔2～3米的5个标志盘作为投球点，将10颗橄榄球摆放在投球点上，每侧5颗；

● 游戏开始后，教师将轮胎从长椅上滚出去，每小组的第一名儿童跟随轮胎移动，快速跑到投球点拾球后尝试将球用传球的姿势传进轮胎中心，之后将球重新摆放到投球点上返回本组队尾，第二人继续出发；

● 投进球最多的儿童获胜得1分，3轮后得分最多的小组获得最终的胜利。

注意事项

● 选择大小适中的轮胎，教师滚动轮胎时注意力度并且跟着轮胎移动，不要太快；

● 根据滚动的距离来摆放投球点，间距不要太密集。

调整方式

● 可以用呼啦圈等圆圈类教具代替轮胎，也可直接在地上滚动，在长椅上是为了达到橄榄球运动中传接球的高度；

● 儿童直接持球跑动，跟随轮胎进行投球；

● 初学者可固定轮胎位置，并根据投球点增加轮胎数量。

30 游戏名称 进击的巨人

游戏说明 小矮人们听教师的指令后快速跑到对应颜色的安全区上来躲避巨人的抓捕。

时间 15分钟。

发展目标 反应能力、脚步躲闪能力和观察能力。

所需器材 2颗橄榄球、6种颜色的标志盘标记安全区（每种颜色标志盘与场地内小矮人儿童人数一样多）、4个标志桶（用来标记场地的大小和边线）、2件相同颜色的分队背心（区分巨人）。

所需场地 15米×15米大小的正方形场地。

怎么玩

- 选择2名儿童当作巨人，穿上分队背心，持球在场地的四条边线的任意一条站立；
- 其余儿童作为小矮人在布满6种颜色标志盘的场地中分散站开；
- 游戏开始后，小矮人们在场地中随意奔跑，当听到教师喊出一种标志盘的颜色作为安全区时，巨人进入场地中用球去触碰小矮人，而小矮人们要躲避巨人并迅速跑到相应颜色的标志盘上，巨人不可以触碰跑到安全区上的小矮人；
- 没有及时到达安全区的小矮人可以在场地中继续躲避巨人直到到达安全区或被巨人触碰到；
- 被巨人触碰到的小矮人要做5个蹲起之后才可继续加入下一轮的游戏；
- 游戏期间，教师不断更换新的儿童作为巨人。

⚠ 注意事项

- 持球人采用正确的触碰方式，不可以扔球；
- 在试图躲避时注意身体重心和自身所处位置；
- 注意观察四周避免与其他儿童相撞，
- 小矮人不宜过多，4 ～ 6 人最佳。

🎯 调整方式

- 教师可以是巨人；
- 调整场地的大小与巨人的数量来增加游戏难度。

31 ▷ 游戏名称　**传传球**

游戏说明　橄榄球传接球。

时间　10分钟。

发展目标　手眼协调能力和持球手感。

所需器材　根据人数两人使用1颗橄榄球。

所需场地　各小组之间能够前后左右间隔2 ～ 3米大小的场地、4个标志盘（标记场地大小）。

怎么玩

● 儿童两人一组，面对面站立，保持1 ～ 3米间距；

● 游戏开始后，两名儿童进行传接球，在1分钟内传接球次数最多的小组获胜；

● 每轮游戏结束后儿童重新进行分组开始新一轮游戏。

⚠ **注意事项**

🔵 鼓励儿童用正确的姿势传接球，不可以做危险的传球动作；

🔵 注意传球力度和速度，接球时提前伸手，五指向上张开。

📣 **调整方式**

🔵 根据游戏情况改变或缩小球的大小、传球距离和人数；

🔵 尝试在跑动中进行传接球。

32 游戏名称　**滚滚球**

游戏说明 接住地上滚动而来的橄榄球。

时间 10分钟。

发展目标 手眼协调能力、反应能力和手感。

所需器材 1颗橄榄球、8个标志盘（标记场地大小和边线）。

所需场地 3米×5米大小的长方形场地。

怎么玩

● 将儿童平均分为两组；

● 两组儿童分别在场地宽侧的边线处对向站立，每组排成一路纵队；

● 游戏开始后，一组的第一位儿童将橄榄球滚向另一组的儿童，球不可滚出边界，若出界需重新滚球，另一组对应的第一位儿童要把滚动来的橄榄球从地上拾起或在球弹起时接住，接球儿童若掉球或等球慢下来再拾球则视为接球失败，不得分，接球的儿童拿到球后再把球滚回到对面小组所在处；

● 完成一次滚球和接球的儿童到小组的队尾处排队，下一名儿童继续进行游戏；

● 按此顺序依次进行，接住球的儿童得1分，直到所有儿童全部完成，得分最多的小组获胜；

● 率先赢得3次的小组获得最终的胜利。

！注意事项

🔹 鼓励儿童用正确的滚球方式，不可以做扔球和危险的滚球动作；

🔹 注意滚球时的力度和速度，接球儿童注意力集中，避免球弹到脸上。

☞ 调整方式

🔹 增加或缩小球的大小和滚球的距离。

33 游戏名称 **不要逃跑**

游戏说明 触碰持球逃跑的儿童。

时间 10分钟。

发展目标 持球跑动能力、反应能力、灵敏性和手感。

所需器材 5 ～ 10颗橄榄球、14 ～ 24个标志盘(标记儿童间距、场地大小和得分区)。

所需场地 15米 × 20米大小的长方形场地。

怎么玩

● 将儿童平均分为两组，两人一组1颗球，间距1 ～ 2米在场地中间相对站立；

● 游戏开始后，两人相互传球，听到教师哨声后，持球的儿童迅速转身跑到身后的得分区达阵得分，无球的儿童迅速去触碰逃跑的持球儿童；

● 每轮游戏结束后儿童重新进行分组开始新一轮游戏；

● 按此顺序依次进行，无球儿童成功触碰持球儿童得1分，一轮过后得分最多的小组获胜。

注意事项

● 控制防守者的防守尺度，不要有过激行为，采用正确的触碰方式；

● 持球儿童已经达阵后就不可以再去触碰了，及时减速，避免撞到一起；

● 注意观察四周进行躲闪，避免撞到其他小组的儿童。

调整方式

● 增加传球距离和跑动距离；

● 在场地中跑动传球，听到哨声持球儿童跑动到得分区。

34 游戏名称 坦克大战

游戏说明 将己方场地中的橄榄球像坦克发射炮弹一样全部扔到对方场地中。

时间 15分钟。

发展目标 反应能力、上肢力量和手感。

所需器材 6 ～ 10 颗橄榄球、5 个标志盘、4 个标志桶（标记场地大小中线）。

所需场地 15 米 × 20 米大小长方形场地。

怎么玩

- 将儿童平均分为两组，每组 3 ～ 5 颗橄榄球，在中线两端分散站立；

- 游戏开始后，两组儿童向对方的场地扔球，儿童需将对方扔过来的球立刻捡起来扔回去，直到一组儿童将己方场地内的橄榄球全部扔到对方场地中，获得胜利；

- 扔球方不可将球直接扔到场地外，球的第一落点要在场地内，球弹出界外不犯规；

- 获胜的小组得 1 分，总分为 5 分，率先得到 5 分的小组赢得最终的胜利。

⚠ 注意事项

● 注意人数，每组最好不超过 5 人；

● 注意扔球时不要扔到对方儿童身上，采用单手、双手、高球、地滚球等多种方式将球扔出；

● 教师提醒儿童分散站开，场地中每个位置都要有儿童，以便更好地应对对方扔过来的球；

● 注意观察四周进行拾球和接球，避免和同组的队友撞到一起。

🔵 调整方式

● 扩大场地距离和球的数量；

● 可以采用踢球的方式。

35 游戏名称 **保卫萝卜**

🖲 **游戏说明** 保护萝卜（橄榄球）不被抢到。

🕐 **时间** 10分钟。

◎ **发展目标** 灵敏性和反应能力。

🖲 **所需器材** 根据人数两人使用1颗橄榄球、一个呼啦圈。

▤ **所需场地** 各小组之间能够前后左右间隔3～5米大小的场地。

怎么玩

- 儿童两人一组，一人负责进攻抢球，一人负责防守护球；
- 将球放进呼啦圈中，防守儿童需要站在呼啦圈外；
- 游戏开始后，进攻儿童尝试躲开对方防守儿童的触碰抢到萝卜（橄榄球）；
- 防守儿童用双手触碰到来进攻的儿童则进攻失败；
- 抢到萝卜（橄榄球）得1分，之后两人互换角色，规定时间内得分最多的小组获胜。

⚠ 注意事项

🔵 控制防守者的防守尺度（不要有过激行为），
采用正确的触碰方式；

🔵 组数不宜过多，根据场地大小合理安排。

🔧 调整方式

🔵 增加进攻和防守人数；

🔵 增加防守和进攻难度（单手触碰、抓腰旗）。

36 游戏名称 植物大战僵尸

游戏说明 在躲避射来的乒乓球的前提下尝试拿到橄榄球。

时间 15分钟。

发展目标 灵敏性和反应能力。

所需器材 20颗乒乓球、10颗橄榄球、6个标志盘（标记起点、放球点和射球点），一个塑料桶（用来装乒乓球）。

所需场地 6米×10米大小长方形场地。

怎么玩

- 将儿童分为两组，在两个起点分别排成一路纵队；
- 每组派出一名射手到射球点处站立，每人10颗乒乓球；
- 每组起点和射球点中间的放球点上各有5颗橄榄球；
- 游戏开始后，每组的第一个儿童在不被乒乓球击打到的情况下去拿到橄榄球并返回到本组，每次只能拿1颗，成功拿到橄榄球之后到本组队尾排队由下一位儿童继续出发，依次进行直到将5颗橄榄球全部拿回；
- 射球点的儿童手持乒乓球瞄准拿球人腿部发射，如果被乒乓球击中则视为失败，不可以继续拿球，原路返回由下一位儿童继续出发；
- 率先将5颗球全部拿回的小组获胜，得1分，之后交换射手，直到每人都当过射手后游戏结束，此时得分最多的小组获胜。

！ 注意事项

- 根据儿童整体水平调整射球点和放球点的距离，避免发生距离太近过于容易射球或距离太远球打不到人的情况；

- 每组人数最好不超过5人，射手不可持球击打对手腰部以上的部位。

⊙ 调整方式

- 增加分组、球的数量和扩大场地大小；

- 扩大场地，设置多个放球点（距离射球点有近有远，增加躲避难度）。

37 ▷ **游戏名称　穿越森林**

游戏说明 儿童们扮演森林和穿越者，在森林中完成S形穿越。

时间 10分钟。

发展目标 协调能力、速度能力和团队意识。

所需器材 2颗橄榄球。

所需场地 每组之间能够间隔3米的场地。

怎么玩

● 将儿童平均分为两组，每组1名儿童扮演穿越者，其余儿童扮演森林中的大树；

● 穿越者手持橄榄球，大树手拉手并将手抬高组成森林站成一排；

● 游戏开始后，穿越者从第一棵大树开始按S形路线依次穿越每一棵大树，直到穿越所有大树后将橄榄球递给第一个扮演大树的儿童并到队尾扮演大树；

● 接到球的第一个儿童从大树的角色转变成穿越者，继续进行穿越，按此顺序依次进行，直到每个小组的所有儿童都完成穿越；

● 先完成穿越的小组获胜，得1分，率先获得3分的小组取得最终胜利。

! 注意事项

- 儿童注意拉手时的力量，把手抬高，不要上下抖动；
- 穿越的时候要抬头看向前方，避免撞上大树；
- 每组人数不要超过 10 人。

调整方式

- 增加组数；
- 森林可以排列成不同的形状；
- 教师可以一起加入游戏。

38 游戏名称 **贪吃蛇**

游戏说明 躲开持球的贪吃蛇，不要被贪吃蛇的橄榄球触碰到。

时间 10分钟。

发展目标 脚步、躲闪能力、协调能力和体能。

所需器材 1颗橄榄球、一件分队背心（标记贪吃蛇）、4个标志盘（标记场地大小）。

所需场地 20米×20米大小长方形场地。

怎么玩

● 一名儿童身穿分队背心扮演贪吃蛇，持球触碰其他儿童；

● 其余儿童在场地中躲避贪吃蛇，不可碰到贪吃蛇，若被触碰到则跟在贪吃蛇身后成为贪吃蛇的身体，下一位儿童被触碰到则依次排在上一名被触碰的儿童身后；

● 随着游戏的开始，贪吃蛇触碰到的儿童越来越多，身体也越来越长，后面的儿童要跟随第一名持球儿童的跑动路线依次跑动；

● 直到场地中剩余1～3名没有被触碰的儿童为获胜者，游戏结束后更换贪吃蛇儿童再次开始游戏。

! 注意事项

● 儿童躲闪时注意观察四周，避免撞到一起；

● 采取正确的持球触碰方式，不可扔球；

● 每组人数不要超过 10 人，教师观察儿童状态，及时调整或安排休息。

● 跟在贪吃蛇身后的儿童无需用手抓住前面儿童的衣服，只需跟着跑动。

调整方式

● 增加贪吃蛇人数和场地大小；

● 教师可以扮演贪吃蛇。

39 游戏名称 **小袋鼠赛跑**

游戏说明 双脚夹住橄榄球进行跳跃。

时间 10分钟。

发展目标 协调能力和下肢力量。

所需器材 2颗橄榄球、4个标志盘（标记起点和终点）。

所需场地 10米 × 5米大小长方形场地。

怎么玩

● 将儿童分为两组在两个起点处排列；

● 两个排头儿童双脚夹住橄榄球；

● 游戏开始后，儿童夹住橄榄球扮演小袋鼠向前跳跃，绕过终点标志盘后跳回到起点，将球递给下一名儿童继续进行游戏；

● 率先完成的小组获胜。

! 注意事项

- 儿童跳跃时要夹住橄榄球，跳跃过程中橄榄球掉落要在掉球处重新夹好才能继续进行；
- 每小组的儿童人数不宜过多；
- 注意各小组之间的间距。

调整方式

- 增加场地大小和组数；
- 设置跳跃障碍物和跳跃路线；
- 侧向跳跃。

40 ▷ 游戏名称　**争夺球**

🗒 **游戏说明** 两名儿童双手持橄榄球进行力量比拼。

⏱ **时间** 10分钟。

◎ **发展目标** 协调能力和核心力量。

▣ **所需器材** 两人1颗橄榄球，两人一个软垫，4个标志盘（标记场地的大小）。

▣ **所需场地** 每个小组之间能够间隔 1 ～ 2 米大小的场地。

怎么玩

● 儿童两两一组，面对面跪立；

● 每小组1颗橄榄球；

● 两名儿童双脚跪立与肩同宽，一人双手持橄榄球左右中部，一人双手持橄榄球上下部位；

● 游戏开始后，两名儿童同时发力争夺橄榄球，尝试将球从对方手中夺下来；

● 每轮游戏结束后儿童重新进行分组开始新一轮游戏，男生和男生，女生和女生；

● 成功争夺球得1分，所有儿童轮换一次后，得分最多的儿童获胜。

⚠️ 注意事项

🔵 分组时选择身材力量相差不多的儿童进行较量；

🔵 人数过多时可采用再分组较量，比如男生先开始，女生后开始；

🔵 提醒儿童注意重心位置和持球方法，避免因重心不稳或球脱手后仰摔倒；

🔵 注意儿童面部错开，避免发生碰撞；

🔵 告知儿童安全的重要性，拿球时不可故意松手。

🔵 调整方式

🔵 教师可以和每个儿童进行争球游戏；

🔵 以站姿进行游戏。

参考文献

REFERENCES

1. Sue Tracey.Fun Fitness Training For Kids. Pyxie Moss Press.2010.

2. 中华人民共和国教育部 . 义务教育体育与健康课程标准（2011 年版）. 北京：北京师范大学出版社，2011.

3. 中华人民共和国教育部 . 义务教育体育与健康课程标准（2022 年版）. 北京：北京师范大学出版社，2022.

4. 陈雅芳 . 学前儿童健康教育与指导活动 . 北京：教育科学出版社，2012.

5. Australian Sports Commission.Playing For Life —Touch Football,2013.

6. Andrew Griffiths & Dan Cottrell .Rugby Skills Activities U7 Mini-Tag&U8 Mini-Tag，2015.

7. 刘娟 . 运动区域这样玩——幼儿园运动区域活动的设计与指导 . 长沙：湖南教育出版社，2017.

8. Tudor Bompa,Michael Carrera. 青少年运动员体能训练 . 尹晓峰 , 等译 , 上海：上海文化出版社，2017.

9. Stephen J.Virgilio. 儿童身体素质提升指导与实践 .2 版 . 王雄译，北京：人民邮电出版社，2017.

10. 中华人民共和国教育部 . 小学入学适应教育指导要点 .2021.

附 录

儿童橄榄球教学游戏课程实施举例（16次课程）

　　教师团队根据在天水幼儿教育集团天禾园区的一年课程实践中，整理出16份课程模板，供读者进行参考实践。该课程模板符合当下阶段的幼儿园体育教育要求，主要分为教学目标、教学准备和教学过程三方面内容，详细阐述了课程的实施细节。在实际的教学执行过程中，考虑到儿童的年龄和学习接受能力，整个课程在游戏化的场景中进行。希望该课程模板能够帮助读者在幼儿园顺利开展橄榄球教学游戏课程。

表　课程教案模板大纲

序号	课程	适合年龄段	说明
1	课程一	中、大班	初步学习橄榄球持球、达阵得分、踢球、拾球的方法，锻炼四肢肌肉力量与身体协调能力
2	课程二	中、大班	熟悉橄榄球持球跑动、得分、踢球、拾球方法，锻炼四肢肌肉力量与身体协调能力
3	课程三	中、大班	学习橄榄球运动中进攻与防守的规则，培养规则意识，锻炼身体灵活性和协调能力
4	课程四	中、大班	学习橄榄球运动中的脚步运用，锻炼腿部肌肉力量和身体协调能力
5	课程五	中、大班	学习橄榄球运动中脚步在攻防之间的运用，锻炼身体灵活性和协调性
6	课程六	中、大班	巩固橄榄球运动的脚步运用，锻炼反应能力与脚步躲闪能力

续表

序号	课程	适合年龄段	说明
7	课程七	中、大班	学习橄榄球运动中的自我保护动作，培养安全意识、锻炼协调能力与身体稳定性练习
8	课程八	中、大班	巩固橄榄球传接球能力，锻炼身体协调性和反应能力
9	课程九	中、大班	培养空间意识，锻炼身体灵活性和反应能力
10	课程十	中、大班	巩固橄榄球运动攻防的脚步运用，培养学习能力，锻炼身体协调能力和灵活性
11	课程十一	中、大班	巩固橄榄球拾球、放球与传接球的能力，培养观察能力，锻炼四肢肌肉力量和身体协调能力
12	课程十二	中、大班	巩固橄榄球运动躲闪中脚步的运用，锻炼四肢力量、身体协调能力和灵活性
13	课程十三	中、大班	巩固进攻与防守的规则意识，锻炼身体灵活性和协调能力
14	课程十四	中、大班	巩固橄榄球传接球的能力，培养团队合作能力，锻炼手臂力量和手眼协调能力
15	课程十五	中、大班	巩固橄榄球传接球能力，培养团队合作能力，锻炼四肢力量和手眼协调能力
16	课程十六	中、大班	巩固橄榄球传接球能力，培养勇敢的心理品质和观察能力，锻炼手眼协调能力和平衡能力

1 课程一

一、教学目标

1. 初步认识橄榄球，学习橄榄球的得分方法；

2. 静态和动态感受橄榄球，建立第一持球感受；

3. 体验橄榄球运动的乐趣。

二、教学准备

1. 英式橄榄球 4 颗；

2. 标志盘 8 个、轮胎 4 个；

3. 4 种颜色的分队背心。

三、教学过程

（一）热身活动

1. 教师自我介绍，介绍橄榄球和课程安排；

2. 根据实际人数分为四组，每组 6 ～ 8 人；

3. 做运动前的各关节柔软性热身。

（二）游戏活动

1. 橄榄球小勇士 ▶

（1）教师示范橄榄球的正确持球姿势及达阵得分方法；

（2）儿童第一次学习，教师特别强调动作正确；

（3）教师点评并强调持球动作和达阵动作。

> 游戏规则：小勇士们要学习橄榄球运动的持球方式和得分方法，把小勇士们分为四组排列，每组穿上不同颜色的分队背心，小组的第一名小勇士持球跑动到达阵区得分后跑回将球递给第二名小勇士，之后到本组队尾排列，按此顺序进行，每组的小勇士们都要完成一次得分。

2. 达阵接力赛 ▼

（1）儿童进行游戏比赛，教师进行鼓励；

（2）教师不断提醒并强调持球跑动和达阵得分的动作；

（3）儿童喝水、休息。

> 游戏规则：橄榄球运动会开始了，要进行达阵接力赛，儿童们要进行速度的比拼，游戏开始后，每组排头儿童持球跑到阵区达阵得分后跑回并递球给下一人，自己则回到本组队尾排队；小组所有儿童都完成一次得分后游戏结束，率先完成的小组获胜得 1 分；总分为 3 分，率先得到 3 分的小组赢得最终胜利。

3.踢球大战 ▶

（1）教师演示正确的踢球、投球和拾球动作；

（2）儿童进行游戏时，教师可以指导个别儿童动作与要领；

（3）教师点评并强调踢球时的力度和投球时的手型。

4.动物世界 ▼

游戏规则：全体儿童扮演小乌龟，每组每次派出一只小乌龟，第一名儿童出发，模仿乌龟的爬行动作，膝盖不触碰地面，边推球边向前爬行，把球控制在身前，到达终点后拾球跑回到起点并将球轻递给下一个小乌龟，自己回到队尾排队，按此顺序进行，每名儿童完成2次。

（1）教师演示正确的爬行动作和推球动作；

（2）儿童进行游戏时，教师可以指导个别儿童动作与要领。

（三）放松活动

1．放松拉伸；

2．课程回顾；

3．和儿童们击掌鼓励告别。

游戏规则：每组的第一名儿童从起点处向前踢橄榄球，直到将球踢至轮胎前，拾起球后尝试将球抛进轮胎内，成功后拾球跑回起点轻递给下一名儿童，自己回到队尾排队，按此顺序进行直到每一位学生都尝试过，每名儿童完成5次。

2 课程二

◎ 一、教学目标

1. 复习巩固橄榄球持球、踢球和得分动作；
2. 静态和动态感受橄榄球，加强持球感受；
3. 体验橄榄球运动的乐趣。

◎ 二、教学准备

1. 英式橄榄球 4 颗；
2. 标志盘 8 个、足球门 2 个；
3. 4 种颜色的分队背心。

◎ 三、教学过程

（一）热身活动

1. 介绍橄榄球持球、踢球和得分动作的规则；
2. 根据实际人数分为四组，每组 6 ～ 8 人；
3. 做运动前的各关节柔软性热身。

（二）游戏活动

1. 达阵接力赛 ▶

（1）儿童进行游戏比赛，教师鼓励；
（2）教师不断提醒并强调持球跑动和达阵得分的动作；
（3）儿童喝水、休息。

2. 踢球大战 ▼

（1）教师演示正确的盘带球和踢球动作；
（2）儿童进行游戏时，教师可以指导个别儿童的动作与要领；
（3）教师强调盘带球的动作和力度。

> 游戏规则：橄榄球运动会开始了，要进行达阵接力赛，四组儿童们要进行速度的比拼，游戏开始后，每组排头儿童持球跑到阵区达阵得分后跑回并递球给下一人，自己则回到本组队尾排队；小组所有儿童都完成一次得分后游戏结束，率先完成的小组获胜得 1 分；总分为 5 分，率先得到 5 分的小组赢得最终胜利。

> 游戏规则：各小组第一名儿童尝试将球通过盘带的方式将球带入球门中，之后捡球回来递给下一人，依次进行，每名儿童完成 10 次。

（三）放松活动

1. 放松拉伸；
2. 课程回顾；
3. 和儿童们击掌鼓励告别。

👶 实际课程反馈分享

　　儿童们第一次接触橄榄球都很兴奋，进入课程的状态也很好，前两次课没有太多的关于橄榄球运动的训练项目，主要以持球跑动和培养橄榄球持球手感为主，通过一些简单的跑动、拾球、放球等练习观察儿童的基本条件，一是看儿童们的基本身体素质，二是了解儿童的理解执行能力以及个人的竞争意识。

❓ 反思及调整

　　因为是第一次接触橄榄球运动，儿童们课堂上比较活跃，在进行一些课程时，大部分儿童都能较好地完成指令，但少部分有注意力不集中和打闹的现象，接力赛中儿童有对胜负的竞争意识，但不太强烈。所以之后的课堂管理中要控制每个活动之间的衔接，多以比赛和游戏方式进行，之后的练习主要以身体的协调性和灵活性为主，会有一些游戏和小比赛来增强公平竞争意识。

3 课程三

◎ 一、教学目标

1. 初步了解橄榄球进攻与防守的规则；
2. 培养规则意识；
3. 体验橄榄球对抗追逐的乐趣。

◎ 二、教学准备

1. 英式橄榄球 4 颗；
2. 标志盘 48 个、标志桶 4 个；
3. 4 种颜色的分队背心。

◎ 三、教学过程

（一）热身活动

1. 介绍课程安排；
2. 根据实际人数分为四组，每组 6 ～ 8 人；
3. 做运动前的各关节柔软性热身。

（二）游戏活动

1. 达阵接力赛

（1）儿童进行游戏比赛，教师进行鼓励；
（2）教师不断提醒并强调持球跑动和达阵得分的动作。

2. 冲过障碍

（1）教师示范跳跃及过标志盘等障碍物的脚步动作；
（2）儿童进行游戏时，教师可以指导个别儿童动作与要领；
（3）教师点评并强调脚步动作；
（4）儿童喝水、休息。

> 橄榄球运动会开始了，要进行达阵接力赛，四组儿童们要进行速度的比拼，游戏开始后，每组排头儿童持球跑到阵区达阵得分后跑回并递球给下一人，自己则回到本组队尾排队；小组所有儿童都完成一次得分后游戏结束，率先完成的小组获胜得 1 分；总分为 3 分，率先得到 3 分的小组赢得最终胜利。

> 游戏规则：排头儿童持球跑动并通过跳跃躲避障碍到阵区达阵得分后跑回并将球递给下一位儿童，自己则回到本组队尾排队，小组所有儿童都完成 5 次得分后游戏结束。

3. 喜羊羊与灰太狼

（1）教师讲解进攻与防守的规则，并请一名儿童一起示范；

（2）分为两组穿戴分队背心进行游戏，教师个别指导；

（3）教师点评并强调规则和公平竞争意识。

（三）放松活动

1. 放松拉伸；

2. 课程回顾；

3. 和儿童们击掌鼓励告别。

游戏规则：进行1对1攻防，喜羊羊（进攻方）出来玩儿被灰太狼（防守方）发现了，灰太狼想要在喜羊羊到达阵区前抓住它，若被灰太狼触碰到则进攻失败，进攻成功或失败后将球递给本组第二人并到队尾排队，按此顺序进行，双方组员完成后相互交换角色，一轮比赛过后，得分最多的小组获胜得1分，总分为3分，率先得到3分的小组赢得最终的胜利。

附 录

儿童橄榄球教学游戏课程实施举例（16次课程）

4 课程四

一、教学目标

1. 巩固持球手感；
2. 提升身体协调性和脚步灵活能力；
3. 体验橄榄球多种玩法的乐趣。

二、教学准备

1. 英式橄榄球 4 颗；
2. 标志盘 48 个；
3. 栏架 16 个、轮胎 4 个；
4. 4 种颜色的分队背心。

三、教学过程

（一）热身活动

1. 介绍课程安排；
2. 根据实际人数分为四组，每组 6 ～ 8 人；
3. 做运动前的各关节柔软性热身。

（二）游戏活动

1. 达阵接力赛

（1）儿童进行游戏比赛，教师进行鼓励；
（2）教师不断提醒并强调持球跑动和达阵得分的动作。

> 游戏规则：橄榄球运动会开始了，要进行达阵接力赛，四组儿童们要进行速度的比拼，游戏开始后，每组排头儿童持球跑到阵区达阵得分后跑回并递球给下一人，自己则回到本组队尾排队；小组所有儿童都完成一次得分后游戏结束，率先完成的小组获胜得 1 分；总分为 3 分，率先得到 3 分的小组赢得最终胜利。

2. 冲过障碍

（1）教师示范通过标志盘等障碍物的脚步动作；
（2）儿童进行游戏时，教师可以指导个别儿童动作与要领；
（3）教师点评并强调脚步动作；
（4）儿童喝水、休息。

> 游戏规则：排头儿童持球跑动并通过脚步动作躲闪障碍物到阵区达阵得分后跑回并递球给下一位儿童，自己则回到本组队尾排队，小组所有儿童都完成 5 次得分后游戏结束。

3. 跨栏高手

（1）教师演示正确的跨栏和投球得分动作；

（2）儿童进行游戏时，教师可以指导个别儿童动作与要领。

（三）放松活动

1. 放松拉伸；

2. 课程回顾；

3. 和儿童们击掌鼓励告别。

游戏规则：排头儿童持球跑动跨过栏架障碍后，将球投入轮胎中心；之后拾球跑回并递球给下一位儿童，自己则回到本组队尾排队；小组所有儿童都完成5次得分后游戏结束。

实际课程反馈分享

因为每个班级的人数较多所以练习和游戏都采用分组的形式进行，后面也会采用这种课堂管理方式，这两次课程在之前课程的基础上加了一些身体素质的练习和一些1对1的小比赛，连续的蹲走和跳跃栏架以锻炼腿部的肌肉耐力和爆发力，跨越栏架和投球提高反应能力和手眼协调能力，比赛则是让儿童了解橄榄球运动中的进攻方式和培养儿童的规则意识。

反思及调整

课堂管理的效果比之前两次课程较好，儿童都能够积极地参与其中，一小部分儿童在跳、跨和1对1比赛的过程中有身体不协调的现象，想要改变身体协调性要通过不断反复的练习，橄榄球运动中身体的协调能力比较重要，所以之后的活动主要针对身体协调性、灵活性开展一些有趣的练习。

5　课程五

一、教学目标

1. 进一步加深对进攻与防守规则的认识；
2. 在进攻中能够灵活运动脚步进行躲闪；
3. 体验橄榄球对抗追逐的乐趣。

二、教学准备

1. 英式橄榄球 4 颗；
2. 标志盘 40 个、标志桶 24 个；
3. 2 种颜色的分队背心。

三、教学过程

（一）热身活动

1. 介绍课程安排；
2. 根据实际人数分为四组，每组 6～8 人；
3. 做运动前的各关节柔软性热身。

（二）游戏活动

1. 冲过障碍 ▶

（1）教师示范通过标志盘等障碍物的脚步动作；
（2）儿童进行游戏时，教师可以指导个别儿童动作与要领；
（3）教师点评并强调脚步动作；
（4）儿童喝水、休息。

> 游戏规则：排头儿童持球跑动并通过脚步动作躲闪障碍物到阵区达阵得分后跑回并递球给下一位儿童，自己则回到本组队尾排队，小组所有儿童都完成 5 次得分后游戏结束。

2. 喜羊羊与灰太狼 ▽

（1）教师进一步讲解进攻与防守的规则，并请一名儿童一起示范；
（2）分为两组穿戴分队背心进行游戏，教师个别指导；
（3）教师强调脚步在进攻中的运用方法并做出示范。

游戏规则：进行 2 对 2 攻防，喜羊羊（进攻方）出来玩被灰太狼（防守方）发现了，灰太狼想要在喜羊羊到达阵区前抓住它，若被灰太狼触碰到则进攻失败，进攻成功或失败后将球递给本组第二人并到队尾排队，按此顺序进行，双方组员完成后相互交换角色，一轮比赛过后，得分最多的小组获胜得 1 分，总分为 3 分，率先得到 3 分的小组赢得最终的胜利。

（三）放松活动

1. 放松拉伸；
2. 课程回顾；
3. 和儿童们击掌鼓励告别。

6 课程六

一、教学目标

1. 加强反应能力和脚步躲闪能力；
2. 在进攻中能够进行脚步变向跑；
3. 感受在追逐时的乐趣。

二、教学准备

1. 英式橄榄球 4 颗；
2. 标志盘 18 个、标志桶 4 个；
3. 4 种颜色的分队背心。

三、教学过程

（一）热身活动

1. 介绍课程安排；
2. 根据实际人数分为四组，每组 6 ～ 8 人；
3. 做运动前的各关节柔软性热身。

（二）游戏活动

1. 达阵接力赛 ▶

（1）儿童进行游戏比赛，教师进行鼓励；
（2）教师不断提醒并强调持球跑动和达阵得分的动作；

2. 躲避大滚球 ▼

（1）儿童第一次游戏，教师强调规则和躲避的要领；
（2）分享躲避球的经验；
（3）儿童喝水、休息。

> 游戏规则：橄榄球运动会开始了，要进行达阵接力赛，四组儿童们要进行速度的比拼，游戏开始后，每组排头儿童持球跑到阵区达阵得分后跑回并递球给下一位儿童，自己则回到本组队尾排队；小组所有儿童都完成一次得分后游戏结束，率先完成的小组获胜得 1 分；总分为 3 分，率先得到 3 分的小组赢得最终胜利。

> 游戏规则：儿童进入场地中，教师在场外将橄榄球抛进场内（球速逐渐加快），儿童需要躲开球，被球击中腿或脚的圈内儿童要加入圈外滚球的队伍中，记时 5 分钟。

3. 喜羊羊与灰太狼

（1）回顾进攻与防守的规则，并请儿童自主示范；

（2）分角色进行游戏，教师个别指导；

（3）教师强调跑动中的变向动作和躲闪的脚步，做示范动作。

（三）放松活动

1. 放松拉伸；

2. 课程回顾；

3. 和儿童们击掌鼓励告别。

> 游戏规则：进行2对2攻防，喜羊羊（进攻方）出来玩被灰太狼（防守方）发现了，灰太狼想要在喜羊羊到达阵区前抓住它，若被灰太狼触碰到则进攻失败，进攻成功或失败后将球递给本组第二位儿童并到队尾排队，按此顺序进行，双方组员完成后相互交换角色，一轮比赛过后，得分最多的小组获胜得1分，总分为3分，率先得到3分的小组赢得最终胜利。

💡 实际课程反馈分享

这两次课程主要以橄榄球运动中常见的脚步灵活性为主，通过脚下的变向和小碎步躲闪障碍物来提升灵敏性和反应能力，之后是橄榄球中进攻与防守的练习，儿童们的参与度很高，主要是因为前面的脚步练习各式各样的躲避障碍方式使儿童掌握了一定的技能技巧和最后把进攻和防守游戏转化成儿童喜欢的喜羊羊和灰太狼的游戏，避免训练的枯燥。

❓ 反思及调整

儿童们对游戏很感兴趣，当枯燥的练习融入游戏中，孩子们就会表现得非常有动力和积极性，在游戏的过程中可以增加难度的变化，进一步增加儿童的兴趣。

7 课程七

一、教学目标

1. 学习并提高橄榄球运动中的安全意识；
2. 基本掌握倒地时正确姿势和动作；
3. 体验在草地上滚翻的乐趣。

二、教学准备

1. 英式橄榄球 4 颗；
2. 标志盘 8 个、绳梯 2 条；
3. 4 种颜色的分队背心。

三、教学过程

（一）热身活动

1. 介绍课程安排；
2. 根据实际人数分为四组，每组 6～8 人；
3. 做运动前的各关节柔软性热身。

（二）游戏活动

1. 翻滚的小刺猬 ▶

（1）教师示范正确的侧滚翻动作；

（2）儿童进行游戏时，教师可以指导个别儿童动作与要领；

（3）教师强调橄榄球运动中的安全意识以及在倒地时的自我保护意识和动作。

游戏规则：儿童集体扮演小刺猬，每次每组派出一只小刺猬，用正确的姿势侧滚翻直到终点，之后返回到本组队尾排队，第二位儿童接力出发直到所有儿童完成，每名儿童完成 2 次。

2. 小刺猬摘果子 ▼

（1）教师强调翻滚动作而不是速度；

（2）儿童讨论分享动作要领；

（3）儿童喝水、休息。

游戏规则：儿童集体扮演小刺猬，每次每组派出一只小刺猬，用正确的姿势侧滚翻直到终点后起身接住教师抛过来的果子（橄榄球）后，传回给教师，之后返回到本组队尾，第二位儿童接力出发直到所有儿童完成，每名儿童完成 2 次。

3. 冲过障碍

（1）教师示范过绳梯的脚步动作；

（2）儿童进行游戏时，教师可以指导个别儿童动作与要领；

（3）教师点评并强调脚步动作要领。

（三）放松活动

1. 放松拉伸；

2. 课程回顾；

3. 和儿童们击掌鼓励告别。

> 游戏规则：排头儿童持球跑动通过绳梯到阵区达阵得分后跑回并递球给下一位儿童，自己则回到本组队尾排队，小组所有儿童都完成 3 种动作后游戏结束。

8 课程八

一、教学目标

1. 基本掌握简单的脚步，有意识地尝试躲避；
2. 加强反应躲闪能力和传接球能力；
3. 体验橄榄球游戏中的乐趣。

二、教学准备

1. 英式橄榄球 4 颗；
2. 标志盘 10 个、标志桶 4 个；
3. 4 种颜色的分队背心。

三、教学过程

（一）热身活动

1. 介绍课程安排；
2. 根据实际人数分为四组，每组 6～8 人；
3. 做运动前的各关节柔软性热身。

（二）游戏活动

1. 魔法橄榄球 ▶

（1）教师讲解游戏规则并示范每次通过的动作，如转身躲避等躲闪动作；

（2）儿童开始第一次游戏，教师个别指导；

（3）请儿童说说自己或别人的动作是否正确，并说出自己喜欢的动作；

（4）儿童喝水、休息。

2. 躲避球 ▼

（1）教师不参与游戏但讲解游戏规则并示范；

> 游戏规则：四组在正方形场地的四角排列，在场地中间有一块圆形的魔法区域，经过魔法区时儿童要按照要求做出相应的动作，游戏开始后教师指定一种动作通过魔法区域，每组的第一名儿童持球跑动到魔法区域内进行动作后原路返回传球给下一位儿童，自己则回到本组队尾排队，小组所有儿童都完成 5 种动作后游戏结束。

> 游戏规则：圆圈外面的儿童尝试用滚动橄榄球的方式来触碰到圈内儿童的腿或脚，被触碰到的儿童要加入圈外的儿童中去，圆圈内剩下的最后一名儿童为胜利者。

（2）儿童分组进行游戏，教师个别指导；

（3）请胜利的儿童分享成功的经验。

（三）放松活动

1. 放松拉伸；

2. 课程回顾；

3. 和儿童们击掌鼓励告别。

💡 实际课程反馈分享

　　这两次课程主要以提升专注力和灵活性，培养安全意识为主，练习时的效果还不错，练习中多采用分组连续进行和对向跑动的方式，缩短跑动的时间，增加组数，增多儿童需要学习的内容，儿童能将精力都放在学习新的动作上，提高了儿童练习时的专注力。

❓ 反思及调整

　　讲述规则时，儿童的注意力总是容易分散，可以采用出示有趣的教具等方式吸引儿童注意力，避免经常重复规则。

课程九

9

一、教学目标

1. 加强反应能力与跑动躲闪能力；
2. 培养空间意识；
3. 体验橄榄球游戏追逐中的乐趣。

二、教学准备

1. 英式橄榄球 5 颗；
2. 标志桶 4 个；
3. 2 种颜色的分队背心。

三、教学过程

（一）热身活动

1. 介绍课程安排；
2. 根据实际人数分为四组，每组 6 ～ 8 人；
3. 做运动前的各关节柔软性热身。

（二）游戏活动

1. 猫和老鼠 ▶

（1）教师讲解游戏规则，并进行示范；

（2）分角色进行游戏，教师观察儿童状态；

（3）教师点评并强调规则。

2. 喜羊羊与灰太狼 ▼

（1）回顾进攻与防守的规则，并请儿童自主示范；

（2）分角色进行游戏，教师个别指导；

（3）教师点评并强调如何在大小不同的运动场地进行躲闪突破。

> 游戏规则：持球的小猫儿童用球去触碰无球的小老鼠儿童，小老鼠要躲避小猫的触碰，当小猫触碰到小老鼠儿童后要双手将球放在地上（达阵）后跑掉，这时双方角色互换，被触碰到的无球儿童由小老鼠的角色转换成小猫，而持球儿童放球后由小猫的角色转换成小老鼠；被触碰到的无球儿童做 3 个蹲起后拾起地上的球作为小猫去触碰其他无球的小老鼠儿童。

游戏规则：进行 2 对 2 攻防，喜羊羊（进攻方）出来玩被灰太狼（防守方）发现了，灰太狼想要在喜羊羊到达阵区得分前抓住它，若被灰太狼触碰到则进攻失败，进攻成功或失败后将球递给本组第二位儿童并到队尾排队，按此顺序进行，双方组员完成后相互交换角色，一轮比赛过后，得分最多的小组获胜得 1 分，总分为 3 分，率先得到 3 分的小组赢得最终的胜利。

（三）放松活动

1. 放松拉伸；
2. 课程回顾；
3. 和儿童们击掌鼓励告别。

10 课程十

一、教学目标

1. 进一步强化空间意识；
2. 培养相互学习能力和沟通能力；
3. 在互相模仿学习中体验乐趣。

二、教学准备

1. 英式橄榄球 28 颗；
2. 标志筒 4 个；
3. 两种颜色的分队背心。

三、教学过程

（一）热身活动

1. 介绍课程安排；
2. 根据实际人数分为四组，每组 6～8 人；
3. 做运动前的各关节柔软性热身。

（二）游戏活动

1. 喜羊羊与灰太狼 ▶

（1）回顾进攻与防守的规则，并请儿童自主示范；

（2）分角色进行游戏，教师个别指导；

（3）教师回顾并强调变向动作，利用场地的大小进行跑动躲闪；

（4）儿童喝水、休息。

2. 有趣的"镜子"（游戏：面对面） ▼

（1）教师讲解游戏规则并示范一些动作来引导儿童进行橄榄球运动中的动作；

（2）儿童进行游戏，教师进行观察。

> 游戏规则：进行 2 对 2 攻防，喜羊羊（进攻方）出来玩被灰太狼（防守方）发现了，灰太狼想要在喜羊羊到达阵区得分前抓住它，若被灰太狼触碰到则进攻失败，进攻成功或失败后将球递给本组第二位儿童并到队尾排队，按此顺序进行，双方组员完成后相互交换角色，一轮比赛过后，得分最多的小组获胜得 1 分，总分为 3 分，率先得到 3 分的小组赢得最终的胜利。

> 游戏规则：镜子是个有趣的东西，你做什么动作，它就会做什么动作。两人一组进行模仿练习，一人用球来做动作，另一人则进行相同的镜像模仿。

（三）放松活动

1. 放松拉伸；
2. 课程回顾；
3. 和儿童们击掌鼓励告别。

🌱 实际课程反馈分享

　　这两次的课程以脚步躲闪能力练习为主，主要是之前关于脚步的练习课程在比赛中运用不佳，因此这两次课程都以小比赛为主，进一步锻炼儿童们脚步躲闪能力和培养儿童们的空间意识，能利用场地的大小来躲避防守，避免在原地乱跑。

❓ 反思及调整

　　有些儿童在练习时做得很好，但在实际运用时发挥不出来，之后要改变一下游戏形式，用更直接的方式让儿童们有更多的跑动选择的机会。

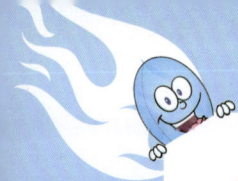

11 课程十一

◎ 一、教学目标

1. 进一步熟悉进攻与防守的规则和熟悉基本脚步动作；
2. 锻炼提升身体协调能力和四肢肌肉力量；
3. 体验追逐躲避的乐趣。

⊕ 二、教学准备

1. 英式橄榄球 30 颗；
2. 标志盘 4 个、标志筒 4 个；
3. 分队背心 1 件。

◎ 三、教学过程

（一）热身活动

1. 介绍课程安排；
2. 根据实际人数分为四组，每组 6 ～ 8 人；
3. 做运动前的各关节柔软性热身。

（二）游戏活动

1. 巨人宝藏 ▶

（1）教师讲解游戏规则并示范；
（2）教师强调拾球动作和注意观察巨人的动向；
（3）递球改为传接球并强调动作要领；
（4）儿童喝水、休息。

2. 动物世界 ▼

（1）教师讲解游戏规则并示范；
（2）教师强调标准动作，不要求速度。

> 游戏规则：四个小组在场地的四角排列，所有橄榄球宝藏放在场地中央，一名儿童作为守护宝藏的巨人；游戏开始后，巨人要在宝藏周围不停地巡逻，每组的第一名儿童出来试图去拿一颗球并且在不被巨人触碰的情况将球带回并放到自己小组的旁边；完成后回到小组的队尾排队，小组第二位儿童继续出发拿球，被巨人触碰到的持球儿童视为失败，必须把球放回原处并回到自己小组的队尾排队等待下一次出发；按此顺序进行，直到场地中央的橄榄球宝藏全部被拿光时，游戏结束。

游戏规则：分为四组进行，教师喊出动物的名字后开始，比如青蛙跳；持球儿童开始模仿蛙跳向前跳到与起点相对的终点处，围绕标志桶一圈后跳回到起点将球递给小组的第二名儿童后到队尾排队；各小组所有儿童完成一次后教师换下一种动物进行游戏。

（三）放松活动

1. 放松拉伸；
2. 课程回顾；
3. 和儿童们击掌鼓励告别。

12 课程十二

一、教学目标

1. 熟练运用基本脚步;
2. 加强协调能力与反应能力;
3. 体验在跑动中追逐躲闪的乐趣。

二、教学准备

1. 英式橄榄球 5 颗;
2. 标志盘 40 个、标志桶 16 个、栏架 8 个、小拱门 8 个;
3. 4 种颜色的分队背心。

三、教学过程

（一）热身活动

1. 介绍课程安排;
2. 根据实际人数分为四组,每组 6 ～ 8 人;
3. 做运动前的各关节柔软性热身。

（二）游戏活动

1. 冲过障碍 ▶

（1）教师示范通过标志盘等障碍物的脚步动作;
（2）儿童进行游戏时,教师可以指导个别儿童动作与要领;
（3）教师点评并强调面对不同障碍物的脚步动作的区别,引导儿童仔细观察;
（4）儿童喝水、休息。

> 游戏规则:增加多种障碍物,排头儿童持球跑动并通过脚步动作躲闪障碍物到阵区达阵得分后跑回并递球给下一位儿童,自己则回到本组队尾排队,小组所有儿童都完成 5 次得分后游戏结束。

2. 猫和老鼠 ▼

（1）教师讲解游戏规则,并进行示范;
（2）分角色进行游戏,教师观察儿童状态;
（3）教师点评并强调规则。

游戏规则：持球的小猫儿童用球去触碰无球的小老鼠儿童，小老鼠要躲避小猫的触碰，当小猫触碰到小老鼠儿童后要双手将球放在地上（达阵）后跑掉，这时双方角色互换，被触碰到的无球儿童由小老鼠的角色转换成小猫，而持球儿童放球后由小猫的角色转换成小老鼠；被触碰到的无球儿童（小老鼠）做 3 个蹲起后拾起地上的球作为小猫去触碰其他无球的小老鼠儿童。

（三）放松活动

1. 放松拉伸；
2. 课程回顾；
3. 和儿童们击掌鼓励告别。

💮 实际课程反馈分享

这两次的课程也是以脚步躲闪能力和身体的灵活性为主，中间加入了一些橄榄球运动的技术练习，通过多次的练习和游戏体验，大部分儿童在选择躲避时较之前有了很大的进步，不是一味地跑动，而是观察对手之后选择跑动的方向，有些较为优秀的儿童能够通过脚步变向来躲避防守。

❓ 反思及调整

在做了多次以脚步、比赛为主的练习后，儿童们对规则和基本的动作已经掌握的比较好了，对有些做过的活动和游戏有些厌倦，相对的专注力有所下降，所以后面的课程安排中除了继续巩固这些基本能力之外还要进行一些紧凑、有趣的练习项目来培养儿童的专注力和合作意识。

13 课程十三

⊙ 一、教学目标

1. 巩固橄榄球拾球、放球和持球跑动基本技术动作；
2. 锻炼提升脚步能力和反应能力；
3. 通过游戏儿童体验追逐的乐趣。

⊙ 二、教学准备

1. 英式橄榄球 5 颗；
2. 标志盘 4 个；
3. 2 种颜色的分队背心。

⊙ 三、教学过程

（一）热身活动

1. 介绍课程安排；
2. 根据实际人数分为四组，每组 6 ~ 8 人；
3. 做运动前的各关节柔软性热身。

（二）游戏活动

1. 猫和老鼠 ▶

（1）教师讲解游戏规则，并进行示范；
（2）分角色进行游戏，教师观察儿童状态；
（3）教师点评并强调规则，提醒儿童快速拾球并做出反应；
（4）儿童喝水、休息。

2. 猎人与松鼠 ▼

（1）教师讲解游戏规则，请儿童示范；
（2）教师强调提醒儿童利用脚步进行躲闪；

> 游戏规则：持球的小猫儿童用球去触碰无球的小老鼠儿童，小老鼠要躲避小猫的触碰，当小猫触碰到小老鼠儿童后要双手将球放在地上（达阵）后跑掉，这时双方角色互换，被触碰到的无球儿童由小老鼠的角色转换成小猫，而持球儿童放球后由小猫的角色转换成小老鼠；被触碰到的无球儿童（小老鼠）立即拾起地上的球作为小猫去触碰其他无球的小老鼠儿童。

游戏规则：松鼠拾起松子（橄榄球）绕过标志点后躲避猎人的抓捕，孩子们分为两组，一组作为松鼠，一组作为猎人，两组各出一名儿童背对背站立面向得分线与球的起点；进攻的松鼠儿童喊口令开始，双方围绕标志点进行攻防，面对球的松鼠儿童拾球围绕标志点后试图躲避猎人的防守进行得分，被猎人触碰到则进攻失败，进攻成功或失败后将球递给本组第二位儿童并到队尾排队；按此顺序进行，双方组员完成后相互交换角色进行游戏。

（三）放松活动

1. 放松拉伸；
2. 课程回顾；
3. 和儿童们击掌鼓励告别。

14 课程十四

◎ 一、教学目标

1. 基本掌握传球的正确动作；
2. 培养儿童之间团队合作能力；
3. 感受跑动传球和原地传球的不同之处，体验准确传球的乐趣。

◎ 二、教学准备

1. 英式橄榄球 4 颗；
2. 标志盘 40 个；
3. 4 种颜色的分队背心。

◎ 三、教学过程

（一）热身活动

1. 介绍课程安排；
2. 根据实际人数分为四组，每组 6 ～ 8 人；
3. 做运动前的各关节柔软性热身。

（二）游戏活动

1."炸弹"接力（游戏搬运球的简化版） ▶

（1）教师讲解规则和示范动作；
（2）儿童进行游戏时，教师可以指导个别儿童动作与要领。

2.护送"炸弹" ▼

（1）教师示范橄榄球传接球的正确姿势；
（2）儿童进行游戏时，教师可以指导个别儿童动作与要领；
（3）教师点评并强调传接球动作；
（4）儿童喝水、休息。

> 游戏规则：分四组进行游戏，每组一颗橄榄球（"炸弹"），儿童按照组别保持人与人之间间隔两米的距离，从第一名儿童开始依次向下一位儿童传接"炸弹"，传到最后一名儿童为止游戏结束，率先完成的小组获胜得 1 分，总分为 3 分，率先得到 3 分的小组赢得最终的胜利。

> 游戏规则：两组儿童合作进行游戏，两组共用一个橄榄球（"炸弹"）；每次每组派出一名儿童，与合作的儿童从起点处向前跑，跑动时用正确的姿势互相传接球，到达阵区得分后原路返回起点，将橄榄球轻递给下一组儿童回到本组队尾排列；接力进行直到所有儿童完成，每名儿童完成 5 次。

（三）放松活动

1. 放松拉伸；
2. 课程回顾；
3. 和儿童们击掌鼓励告别。

🌱 实际课程反馈分享

　　这两次的课程还是对已经学习过的技能进行巩固，但有些游戏对规则有了改动，这样可以培养儿童们在不同规则下的应变能力，练习的时间和间隔也相对紧凑，一些团队合作的游戏能够激发儿童参与游戏的积极性以及团队意识。

❓ 反思及调整

　　在进行传接球练习时儿童们做的不是太好，因为之前对传接球方面的练习很少，一是这种练习较为单一，儿童兴趣较低，二是起初一些儿童手眼协调能力较差，直接进行传接球练习效果不理想，因此之后要针对不同年龄段的儿童的传接球进行不同的练习设定。

15 课程十五

一、教学目标

1. 巩固加强传接球能力；
2. 能够连贯进行传接球，培养团队意识，加强团队合作能力；
3. 感受传递多个橄榄球与单个橄榄球速度的变化，体验快速传接球的乐趣。

二、教学准备

1. 英式橄榄球 20 颗；
2. 标志盘 40 个、轮胎 8 个；
3. 4 种颜色的分队背心。

三、教学过程

（一）热身活动

1. 介绍课程安排；
2. 根据实际人数分为四组，每组 6～8 人；
3. 做运动前的各关节柔软性热身。

（二）游戏活动

1. 传球小能手 1

（1）教师示范橄榄球传接球的正确姿势；

（2）儿童进行游戏，教师鼓励；

（3）教师点评并强调传接球动作和力度。

> 游戏规则：分为四组，每组儿童围成一个圆圈，每组一颗橄榄球按逆时针顺序将球用正确的姿势传给相邻的同伴，记时 3 分钟，传递圈数最多的小组获胜。

2. 传球小能手 2

（1）教师示范橄榄球传接球的正确姿势；

（2）儿童进行游戏时，教师可以指导个别儿童动作与要领；

（3）教师提醒儿童注意力集中，准备下一次的接球；

（4）儿童喝水、休息。

> 游戏规则：在上一个游戏的基础上，将 3 颗橄榄球按逆时针顺序将球用正确的姿势传给相邻的同伴，记时 3 分钟，传递圈数最多的小组获胜。

3. 搬运球

（1）教师讲解规则并做示范；

（2）儿童进行游戏，教师进行鼓励和指导；

（3）教师点评并请儿童分享传球经验。

4. 动物接力赛

（1）教师示范蛙跳及乌龟步的正确姿势，儿童原地模仿；

（2）儿童进行游戏时，教师可以指导个别儿童动作与要领；

（3）教师点评并强调双方的动作姿势；

（4）互换角色，儿童第二次游戏；

（5）教师点评。

> 游戏规则：两组儿童扮演小青蛙，另外两组儿童扮演小乌龟，小青蛙从起点蛙跳至终点后原路跑回即可，小乌龟从起点用乌龟步爬向终点后原路跑回即可，接力直到所有儿童完成。

> 游戏规则：分为四组进行，每组5颗橄榄球；通过传球的方式将一侧轮胎中的球传递到另一侧的轮胎中去，在球一侧的第一个儿童跑去拾球跑回，将球依次传递到本组最后一名儿童手中，最后一名儿童接球后将球放到另一侧的轮胎中完成一次搬运；率先将5颗橄榄球搬运完成的小组获胜；完成后本小组儿童之间互换位置，获胜次数最多的小组赢得最终的胜利。

（三）放松活动

1. 放松拉伸；

2. 课程回顾；

3. 和儿童们击掌鼓励告别。

16 课程十六

⊙ 一、教学目标

1. 初步了解接高球的基本要领和动作；
2. 巩固传接球能力；
3. 体验接球后的成就感和乐趣。

⊙ 二、教学准备

1. 英式橄榄球 4 颗；
2. 标志盘 48 个；
3. 4 种颜色的分队背心。

⊙ 三、教学过程

（一）热身活动

1. 介绍课程安排；
2. 根据实际人数分为四组，每组 6～8 人；
3. 做运动前的各关节柔软性热身。

（二）游戏活动

1. 冰冻人 ▶

（1）教师讲解规则并做出示范；
（2）儿童进行游戏，教师观察并进行指导；
（3）儿童喝水、休息。

> 游戏规则：选择 3 名持球抓捕的儿童尝试用球去触碰无球儿童，无球儿童要进行躲避，被触碰到的无球儿童则被冰冻住，并以金鸡独立的姿势保持不动，没有被冰冻的儿童可以进行搭救，围绕被冰冻儿童跑一圈并没有被抓捕儿童触碰到则成功解冻，解冻后的儿童可继续加入游戏中去。

2. 小猴子接桃子（1） ▼

（1）教师示范接高球、地滚球、低球的正确姿势，引导儿童一起做正确姿势和手型；
（2）儿童进行游戏时，教师可以指导个别儿童动作与要领；
（3）教师强调接高球正确姿势和手型。

> 游戏规则：教师抛桃子（橄榄球）给小猴子儿童们，小猴子用正确的姿势接住桃子；四组同时进行，每组第一名儿童开始接球，接球后依次将球传回给教师，并回到本组队尾排队；小组第二人准备接球，按此顺序进行；一轮过后，教师要换一种方式进行抛球，3 种方式抛接球后，掉球最少的小组获胜。

3. 小猴子接桃子（2）

（1）教师讲解跑动中接球的姿势和动作；

（2）儿童进行游戏时，教师可以指导个别儿童动作与要领。

（三）放松活动

1. 放松拉伸；
2. 课程回顾；
3. 和儿童们击掌鼓励告别。

游戏规则：进阶版小猴子接桃子，在跑动中接住教师的球后完成障碍跑进行达阵得分，得分后原路返回并重复做以上动作，接力直到所有小猴子完成，每组儿童完成2次。

🧒 实际课程反馈分享

这两次的课程以传接球的练习为主，课程内容相对简单，都是一些传接球的尝试和比赛，通过一步步增加难度对儿童提出更高的要求，相对于之前传接球基础差的问题，通过缩短传球距离来减少掉球次数。

❓ 反思及调整

传接球的练习中分组人数较多，结果在传球过程中出现掉球后，其他儿童会出现注意力分散的情况，最后导致小组无法专心进行传接球，因此之后要控制小组之间的人数或增加球的数量来增加练习的频次，提高儿童的专注度，让每位儿童可多次进行传接球练习，做到多动多练少失误，帮助儿童掌握传接球技术。

后记
POSTSCRIPT

不知不觉间，花开花落又到了春风时节，一年又过去了。我们依然坚持着教学实践和理论研修，且走且思且探索。今天，终于完成了文稿的修整和校对，看着书桌上的稿件，长长地舒了一口气。回顾成文的全过程，太多的感喟涌上心头，满怀期待、充满深情。小小的书，凝结了许多人努力奋进的心血。

此刻，孩子们在操场上奔跑着；教练员、教师们在呵护着挥汗如雨的儿童；家长们通过在线平台频频点赞；而我们，在书桌前，一遍遍、一字字地推敲。多么希望我们的积极推动，可以为更多的孩子、家庭、学校，乃至未来的社会，奉上一份健康的礼物，呈上一份当下教育人追求身心健康而探索、坚守、搏击的勇气。

这几年的中国教育，注定不平凡：教育"双减"政策的落地、疫情防控的伟大胜利、多孩政策的开放，使每一所学校、每一个家庭都进入了变革。"主动健康""中国红"的信念，深耕在我们的脑海中。"科学幼小衔接"的春风吹入了幼儿园和小学……更多的孩子、更多的家庭，都频繁出现在公园、草地、绿茵场上，童年健康的模样，展现在我们眼前。

在"全民健康""心心相融，@未来""亚运年"契机下，《奔跑 合作 坚毅——儿童橄榄球教学游戏40例(4—8岁儿童入门及参考)》的付印，非常适时。感谢"优悦天幼""橄动团队""HZR（杭州市橄榄球运动协会）"各团队的紧密合作、无私奉献，感谢孩子们、老师们、家长们的积极参与，也真诚感谢家人们的支持和付出。今天的呈现，是许多人智慧劳动的结晶。2020年杭橄协授予我"橄榄球课程顾问"的头衔，我很忐忑，深知自己在运动领域的浅薄，凭着对教育事业、健康运动、师生健康的热忱，勉力承担起统稿和编辑的重任。因本人的认知和能力有限，也因实践经验不足，文稿中难免还有许多瑕疵，欢迎大家批评指正。

在此，特别感谢天水幼儿园优悦"三馆一号"的小馆长和青年团员们，共同参与文稿校对和日常训练。她们是许立人、平敏霞、杨佳悦、胡晶、唐含、吕超和沈叶菁。我和团队成员们，以真诚之心期待，"健康1系列""运动从儿童起步"的实践行动能够得到坚持和认同。

本书正如标题中期许的那样，让"奔跑、合作、坚毅"成为未来学习、工作、生活的一部分，让我们携手，为美好的未来而持续努力！

静待花开，爱达未来！

2022 年 9 月 26 日